새로 나온 《기탄한자》 - 어린이들로부터 사랑받는 학습지가 되겠습니다.

●《기탄한자》를 고대하신 여러분께 감사드립니다.

그 동안 《기탄수학》, 《기탄국어》 등의 교재를 사용해 보시고 《기탄한자》가 나오기를 고대하신 여러분들께 감사드립니다.

학부모님들의 열화 같은 요청에 의하여 오랜 연구와 각고끝에 드디어 《기탄한자》가 선을 보이게 되었습니다.

그 동안 저희 연구진이 할 수 있는 최선의 노력을 기울여서 만든 작품이니만큼 결코 실망시키지 않으리라 확신하며 사랑받는 학습지로 더욱 심혈을 기울여 나가겠습니다.

●한자를 모르고는 공부를 잘 할 수 없습니다.

학부모님들도 잘 아시다시피, 우리말의 약 70% 정도가 한자어로 구성되어 있으며 수학, 사회, 과학 등 각 교과서의 학습용어 대부분이 한자로 되어 있습니다. 따라서 한자를 초등 학교 저학년 때부터 미리 알면 어휘를 정확하게 이해하게 되어 언어생활을 바르게 할 수 있게 됩니다. 뿐만 아니라 다른 교과의 내용도 심도 있게 이해할 수 있는 기초 능력을 길러 주게 되어 저절로 성적이 쑥쑥 향상될 수 있습니다.

한자를 모르고는 결코 좋은 성적을 내기가 어렵습니다.

●이제 한자 학습은 필수! 《기탄한자》로 시작해 보십시오.

21세기는 세계의 중심축이 한자 문화권에 놓이게 될 것입니다. 따라서 공통문자 또는 국제문자로서의 한자의 역할이 증대될 것입니다. 《기탄한자》는 이러한 국제 사회의 흐름에 발맞추어 한자를 쉽고 재미있게 정복할 수 있도록 9단계 교재로 엮어 놓았습니다.

적은 비용으로 최고효과를 거둘 수 있도록 기획된 《기탄한자》, 지금 곧 시작해 보십시오.

《기탄한자》- 개인별 · 능력별 프로그램식 학습교재입니다.

1 모두 9단계의 교재로 만들었습니다.

《기탄한자》는 A단계에서 I단계까지 총 9단계로 구성된 학습지입니다.
각 단계는 모두 4권으로 4개월 동안 학습할 수 있게 구성되어 있으며, A단계부터 I단계까지 모두 36권으로 36개월(3년) 정도가 소요됩니다.

2 1주일에 4자씩, 1달에 16자, 1년에 200여 한자를 익힐 수 있습니다.

《기탄한자》는 1주일에 4자씩 새로운 한자를 익히게 구성되어 있어서, 1달 과정이 끝나면 16자의 한자를 익힐 수 있습니다.
한 단계는 4권으로 구성되어 있어 모두 600여 한자를 학습할 수 있습니다.
※ G~I단계에는 한 주에 5자씩 수록되어 있습니다.

3 기초한자 학습부터 한자급수시험까지 상세하고 완벽하게 대비하였습니다.

《기탄한자》의 총 9단계 중 A~C단계 교재는 새로이 발표된 교육부 선정 한자를 위주로 하여 초등 학교 저학년 어린이들에게 필요한 기초 생활한자를, D~F단계 교재는 초등 학교 고학년 어린이들에게 필요한 기초 생활한자를 익힐 수 있도록 구성되어 있으며, G~I단계 교재는 한자급수시험 대비를 겸하여 꾸며져 있습니다.

4 부담없는 반복 학습으로 효과가 확실합니다.

《기탄한자》는 매주 부담없게 4~5자씩 새로운 한자를 익히며 그 동안 배운 한자를 다양한 학습 방법을 통하여 반복해서 익힐 수 있도록 재미있게 구성하였습니다.

■ 기탄한자 단계별 학습내용 ■

단계	학습내용
A~C단계	초등 학교 저학년에게 필요한 교육부 선정 한자 192자 및 부수 학습
D~F단계	초등 학교 고학년에게 필요한 교육부 선정 한자 192자 및 부수 학습
G~I단계	교육부 선정 240자 위주, 한자급수시험 대비

《기탄한자》는 치밀하게 계산된 학습 시스템으로 일반 학습 교재와는 전혀 다릅니다.

1 자신감이 생기는 학습

한자문맹 「흔들리는 교육」이란 제목 하에 우리 나라 최고 명문대에서 학생들이 한자를 제대로 알지 못해서 수업이 제대로 되지 못한 사건이 발생했다고 신문에 기사화 되어 충격을 준 적이 있습니다.

현재 대부분의 학생들은 물론 일반인들까지 부모나 형제 자매의 이름을 제대로 쓰는 사람이 드물다는 것이 전문가들의 대체적인 시각입니다.

《기탄한자》로 지금 시작해 보십시오.

초등 학교 때부터 하루 10분 정도만 학습하면 한자가 익숙해져 자연스럽게 한자문맹에서 해방됩니다. 초등 학교 때부터 자연스럽게 신문이나 잡지도 볼 수 있게 되어 자신감이 생기고 따라서 성적도 쑥쑥 올라가게 됩니다.

《기탄한자》, 자녀에게 자신감을 키워줍니다.

2 올바른 학습 습관이 생기는 학습

《기탄한자》는 어린이들에게 한자학습이 재미있고 흥미로운 것이라는 인식을 심어 줄 수 있도록 다양한 형식과 체제로 구성하였습니다. 따라서 가정에서는 어린이의 생활습관을 규칙적으로 꾸며 가도록 지도해 주시는 것이 중요합니다.

《기탄한자》로 매일 일정한 시간에 일정량을 꾸준히 공부하다 보면 생활 리듬이 일정해져 공부시간도 틀에 잡히고 효과적인 학습도 가능해져 '몸에 맞는' 올바른 학습습관이 생기게 됩니다.

3 집중력이 생기는 학습

공부는 많이 하는데 성적이 오르지 않는 어린이는 집중력이 약하기 때문입니다.

《기탄한자》는 매일 2~3장을 10분안에 학습하는 훈련을 반복함으로써 자연스럽게 집중력이 최고로 강화될 수 있도록 하였습니다.

《기탄한자》는 매일 10분 학습으로 집중력을 길러주는 학습 시스템입니다.

4 창의력이 생기는 완전학습

창의력이란 아무것도 없는 데서 새로운 것을 찾는 능력이 아니라 이미 알고 있는 것에서 조금 다른 것을 찾는 능력이라고 합니다.

이러한 창의력은 어떻게 생길까요? 바로 다양한 체험을 통해서 가능해집니다.

《기탄한자》는 다양한 학습체험을 통해 읽고, 쓰고, 깨달음으로써 자연스럽게 창의력을 키워주어 완전학습으로 나가게 해줍니다.

교재 학습 방법

1 교재 선택

처음 한자 학습을 시작하는 어린이는 교재의 첫부분 A단계부터 시작해 주십시오.
그 동안 한자 학습을 진행한 어린이는 자신의 능력과 수준에 맞추어 교재를 선택하되 학습자의 능력보다 약간 낮은 단계부터 시작하는 것이 효과적입니다. 학습자의 능력보다 수준이 높은 교재를 선택하면 공부에 흥미를 잃어 중도에서 포기하기 쉽습니다.

2 교재 활용

교재는 한 권이 4주분으로 한 달간 학습할 수 있도록 편집되어 있습니다. 교재를 구입하시면 주저하지 마시고 먼저 1주일 분량씩 분리해서 매주 1권씩 어린이에게 주십시오. 한꺼번에 교재를 주면 어린이가 부담스러워 학습을 미루거나 포기하기 쉽습니다(교재가 잘 나누어지도록 제작되어 있음).

3 교재 학습

매주 새로운 한자를 4~5자씩 배울 수 있게 계획되어 있습니다. 매일 일정한 시간을 정해놓고 하루에 2~3장씩 10분 정도 학습할 수 있게 지도해 주십시오. 매일 배운 한자를 여러 형태로 음과 뜻, 짜임, 활용 등을 활용 반복해서 학습할 수 있게 되어 있으므로 밀리지 않고 차근차근 따라하면 기초 한자를 쉽게 정복할 수 있습니다. 어린이의 학습의욕과 성취도에 따라 학습량을 조절해 주시되 무리하게 학습을 시키지 않도록 유의해 주시고 스스로 공부하는 바른 습관이 붙도록 해 주십시오.

4 자녀의 학습 관리

어머니는 이 세상의 그 어느 선생님보다도 더 훌륭한 최상의 선생님으로 어머니의 사랑으로 자녀를 가르칠 때 그 효과가 가장 높다는 것이 교육학자들의 일반적인 견해입니다. 자녀들이 학습한 내용들을 일 주일에 한 번씩 날짜를 정해놓고 5~10분간만 투자해서 확인해 주시고 관심을 보여 주십시오. 그리고 칭찬해 주십시오. 칭찬을 잘 하는 어머니가 공부를 잘 가르치는 최고의 선생님이란 것을 잊지 마십시오. 어머니의 관심도에 비례해서 자녀의 한자실력이 쑥쑥 자라난다는 것도 잊지 마세요.

학습을 시작하기 전에 꼭 읽어 주세요

다음에 소개되는 내용을 꼭 외울 필요는 없습니다.
금방 이해가 가지 않는 내용도 있을 것입니다.
그러나 교재를 풀다 보면, '아하! 그 말이었구나.' 하고
느끼면서 저절로 알게 될 내용들입니다.
그러나 중요한 것이라서 자주 보고 읽어 두어야 합니다.
그래야만 한자를 쉽게 익힐 수 있으니까요.

1. 한자의 3요소

한자는 3가지 중요한 것으로 구성되어 있습니다. 한자 공부를 잘 하려면 이 3가지를 항상 같이 익혀야 합니다.

(1)한자의 뜻(훈) (2)한자의 소리(음) (3)한자의 모양(형)

山 한자의 모양(형)	한자의 뜻(훈)	메(산의 옛말)
	한자의 소리(음)	산

2. 한자는 이렇게 만들어졌다.

모든 한자는 크게는 3가지, 작게는 6가지 원칙으로 만들어진 글자입니다.

(1) 기본 한자

1)눈에 보이는 사물을 본떠서 만들었습니다.
날 일(日) 등이 그러합니다.

2)눈에는 보이지 않지만, 뜻을 부호로 표시했습니다.
한 일(一), 위 상(上) 등이 그러합니다.

(2) 합쳐서 만든 한자

1)이미 만들어진 사물 모양의 한자들을 합쳐서 만들었습니다.
동녘 동(東), 수풀 림(林) 등이 그러합니다.

2)사물 모양의 한자와 부호 한자를 합쳐서 만들었습니다.
한자의 음(소리)은 합쳐진 한자 중 하나와 같습니다.
물을 문(問), 공 공(功) 등이 그러합니다.

(3) 운용 한자

1)어떤 한자에 다른 뜻과 다른 소리를 내도록 만든 한자로서 원래 한자의 뜻과 관계가 있습니다.

예 惡이란 한자는 원래 '악할 악' 자입니다. 그러나 악한 사람들을 모두가 미워한다는 뜻으로 '미워할 오' 자로도 씁니다.

2)외국어로 표기할 때 원래의 뜻과는 아무 상관 없이 비슷한 한자로 표시합니다.

예 미국을 한자로 美國이라고 쓴 이유는 美國이 중국말로 '음메이꿔' 라는 소리가 나기 때문입니다. 즉 '아메리카' 라는 발음이 가장 가까운 것이 美國이란 한자입니다.

3. 획이란 무엇인가요?

펜을 떼지 않고 한 번에 쓸 수 있는 점이나 선을 획이라고 합니다. 한자의 획수란 그 한자의 총 획이 몇 번인가를 말합니다.
획수는 한자 사전에서 모르는 한자를 찾을 때 다음에 소개할 부수(部首)만큼 중요한 것입니다.

예 메 산 山의 획수

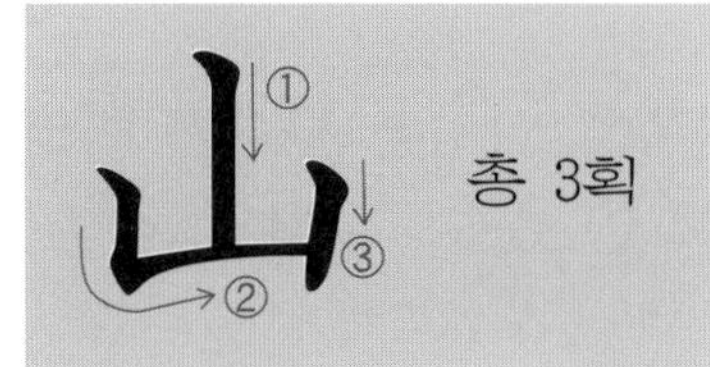

4. 부수(部首)를 알면 한자가 보인다.

(1) 부수(部首)란 무엇인가?

앞으로 이 책에는 부수(部首)란 말이 매우 많이 나옵니다. 그만큼 한자에서는 부수(部首)가 중요하다는 뜻이겠지요? 그렇다면 부수(部首)란 도대체 무엇일까요?

부수(部首)란 합쳐서 만들어진 한자 중에서 서로 공통되는 부분을 말합니다.

예를 들어, 큰산 악(岳), 언덕 안(岸), 봉우리 봉(峰), 고개 현(峴) 등에는 공통적으로 메 산(山)이 들어 있지요? 그리고 예를 든 모든 한자가 산(山)과 관계가 있음을 알 수 있습니다.

(2) 부수(部首)의 종류

부수(部首)는 놓이는 위치에 따라서 그 이름이 달라집니다.

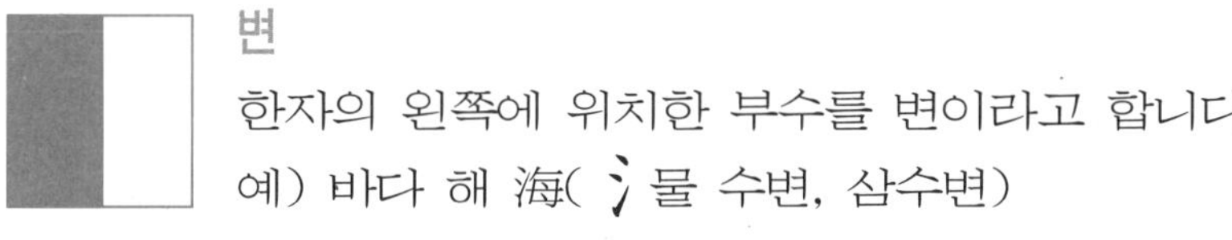

변

한자의 왼쪽에 위치한 부수를 변이라고 합니다.

예) 바다 해 海(氵 물 수변, 삼수변)

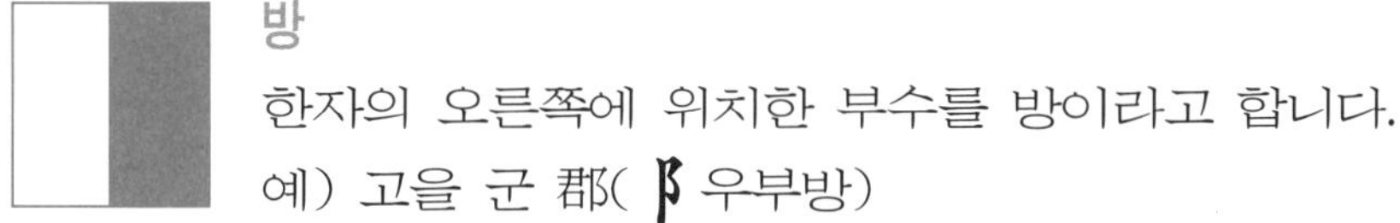

방

한자의 오른쪽에 위치한 부수를 방이라고 합니다.

예) 고을 군 郡(阝 우부방)

머리

한자의 위쪽에 위치한 부수를 머리라고 합니다.

예) 편안할 안 安(宀 갓머리, 집 면)

엄

한자의 위에서 왼쪽 아래로 걸쳐진 부수를 엄이라고 합니다.

예) 사람 자 者(耂 늙을 로엄)

발

한자의 밑에 위치한 부수를 발이라고 합니다.

예)충성할 충 忠(心 마음 심발)

받침

한자의 왼쪽에서 아래로 걸친 부수를 받침이라고 합니다.

예) 멀 원 遠(辶 책받침)

에울몸

한자의 전체를 에워싸고 있는 부수를 에울몸이라고 합니다.

예) 넉 사 四(囗 에울 위, 큰입 구몸)

제부수

그 한자의 자체가 부수인 것을 제부수라고 합니다.

예) 높을 고 高(高 높을 고부수)

개인별 · 능력별 학습 프로그램

C 단계 교재 C121a-C135b

이번 주에 배울 한자

家	族	兄	弟
집 가	무리 족	형 형	아우 제

금주평가	읽 기	쓰 기	이번 주는?
	Ⓐ 아주 잘함	Ⓐ 아주 잘함	· 학습방법 ① 매일매일 ② 가끔 ③ 한꺼번에 - 하였습니다.
	Ⓑ 잘함	Ⓑ 잘함	· 학습태도 ① 스스로 잘 ② 시켜서 억지로 - 하였습니다.
	Ⓒ 보통	Ⓒ 보통	· 학습흥미 ① 재미있게 ② 싫증내며 - 하였습니다.
	Ⓓ 부족함	Ⓓ 부족함	· 교재내용 ① 적합하다고 ② 어렵다고 ③ 쉽다고 - 하였습니다.

♣ 지도 교사가 부모님께	♣ 부모님이 지도 교사께

종합평가	Ⓐ 아주 잘함	Ⓑ 잘함	Ⓒ 보통	Ⓓ 부족함

원 교 반 이름 전화

기초 탄탄한 교육 · 기초 탄탄한 학습
기탄교육
www.gitan.co.kr/ (02)586-1007(대)

지난 주에 배운 한자를 다시 한 번 써 보세요.

사귈 교	사귈 교	사귈 교	사귈 교	사귈 교
交	交	交	交	交

친할 친	친할 친	친할 친	친할 친	친할 친
親	親	親	親	親

돌이킬 반	돌이킬 반	돌이킬 반	돌이킬 반	돌이킬 반
反	反	反	反	反

마주볼 대	마주볼 대	마주볼 대	마주볼 대	마주볼 대
對	對	對	對	對

이번 주에 배울 한자를 큰 소리로 읽어 보세요.

집 가(家)에 대해 알아봅시다.

가라고 읽습니다.
집이라는 뜻입니다.

지붕이 있는 돼지 우리 모양의 집입니다.

●빈 칸에 알맞은 글을 쓰세요.

家는 [ ] 라고 읽습니다.

[ ] 이라는 뜻입니다.

필순에 따라 家를 바르게 쓰세요.

총 10회

家 ①②③④⑤⑥⑦⑧⑨⑩	家	家	家	家
家	家	家	家	家

● 뜻과 음을 소리내어 읽으면서 家를 쓰세요.

집 가	집 가	집 가	집 가	집 가
家	家	家	家	家

● 빈 칸에 알맞은 한자와 뜻, 음을 쓰세요.

家		
한자	뜻	음

	집	가
한자	뜻	음

글을 읽고, 家가 나오는 낱말을 알아봅시다.

家庭(가정)이 따뜻해야만, 家族(가족) 모두가 편안해 집니다. 우리 가족은 모두 행복합니다. 아버지께서는 밖에서 열심히 일을 하시고, 어머니께서는 알뜰하게 家事(가사)를 돌보십니다. 나와 동생은 열심히 공부하고 있습니다. 그래서 우리 가족은 모두 행복하게 지냅니다.

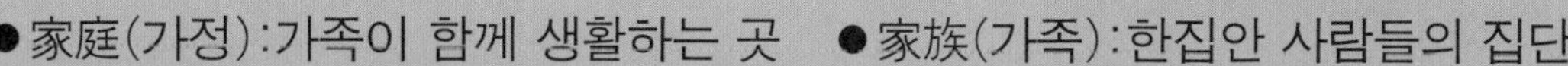

- 家庭(가정) : 가족이 함께 생활하는 곳
- 家族(가족) : 한집안 사람들의 집단
- 家事(가사) : 집안 살림에 관한 일

빈 칸에 알맞은 한자를 쓰세요.

가	정	가	족	가	사
家	庭	家	族	家	事
	庭		族		事

흐린 글자를 따라 쓰면서 家를 익히세요.

家는 가라고 읽고, 집이라는 뜻입니다.

家는 지붕이 있는 돼지우리를 나타낸 한자입니다.

家의 획수는 총 10획입니다.

뜻과 음을 크게 읽으면서, 家를 쓰세요.

家	家	家	家	家	家
家	家	家	家	家	家

家는 갓머리(宀) 부수의 한자입니다.

지붕이 있는 돼지우리를 나타낸 한자입니다.

한자의 음을 쓰고, 맞는 것끼리 연결하세요.

家庭(　　)	집안 살림에 관한 일
家族(　　)	가족이 함께 생활하는 곳
家事(　　)	한집안 사람들의 모임

家가 들어간 낱말을 찾아 ○표 하세요.

對答　家庭　反對　家事

 무리 족(族)에 대해 알아봅시다.

族

무리 족

족이라고 읽습니다.
무리라는 뜻입니다.

깃발 아래에 화살을 든 무리가 모여 있습니다.

● 빈 칸에 알맞은 글을 쓰세요.

族은 ☐ 이라고 읽습니다.

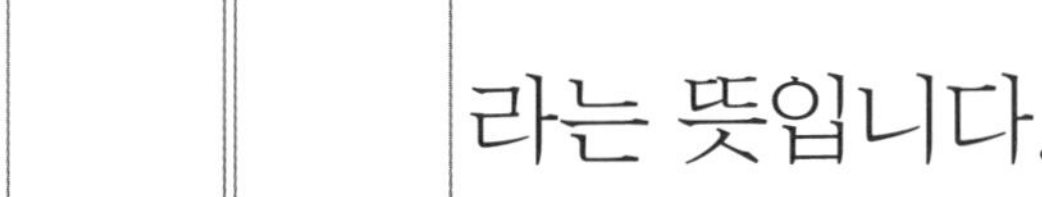
☐☐ 라는 뜻입니다.

필순에 따라 族을 바르게 쓰세요.

총 11획

族	族	族	族	族
族	族	族	族	族

● 뜻과 음을 소리내어 읽으면서 族을 쓰세요.

무리 족	무리 족	무리 족	무리 족	무리 족
族	族	族	族	族

● 빈 칸에 알맞은 한자와 뜻, 음을 쓰세요.

族				무리	족
한자	뜻	음	한자	뜻	음

글을 읽고, 族이 나오는 낱말을 알아봅시다.

우리 民族(민족)의 시조는 단군입니다.
단군은 기원전 2333년에 氏族(씨족)을 이끌고 와서,
이 땅에 나라를 세웠습니다.
族長(족장)인 단군을 중심으로, 농사를 짓거나
사냥을 하면서 생활했습니다.
나라 이름은 '조선'이라 했습니다. '고조선'이란 말은
이성계가 세운 조선과 구별하기 위해 붙여진 이름입니다.

- 民族(민족):오랫동안 같은 곳에서 같은 말과 문화를 사용하는 사람들
- 氏族(씨족):같은 조상에서 나온 사람들의 모임
- 族長(족장):한 민족이나 씨족의 우두머리

빈 칸에 알맞은 한자를 쓰세요.

민	족
民	族
民	

씨	족
氏	族
氏	

족	장
族	長
	長

흐린 글자를 따라 쓰면서 族을 익히세요.

族은 족이라고 읽고, 무리라는 뜻입니다.

族은 깃발 아래에 화살을 든 무리가 모여 있다는 것을 나타낸 한자입니다.

族의 획수는 총 11획입니다.

뜻과 음을 크게 읽으면서 族을 쓰세요.

族	族	族	族	族	族
族	族	族	族	族	族

族은 방법 방(方)부수의 한자입니다.

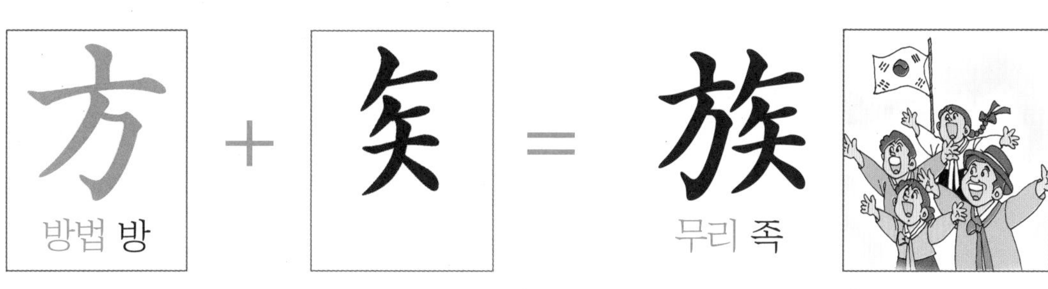

깃발 아래에 화살을 든 무리가 모여있다는 것을 나타낸 한자입니다.

한자의 음을 쓰고, 맞는 것끼리 연결하세요.

民族( ) •	• 같은 조상에서 나온 사람들의 모임
氏族( ) •	• 한 민족이나 씨족의 우두머리
族長( ) •	• 같은 곳에서 같은 말과 문화를 사용하는 사람들

族이 들어간 낱말을 찾아 ○표 하세요.

氏族 家事 民族 家庭

형 형(兄)에 대해 알아봅시다.

형이라고 읽습니다.
형이라는 뜻입니다.

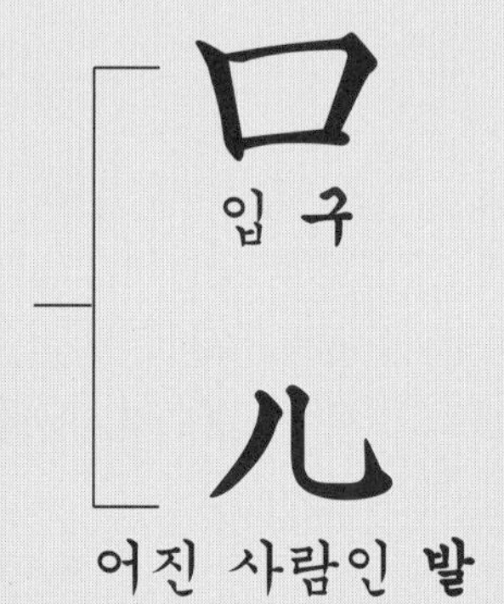

형은 아우에게 좋은 말을 하는 사람입니다.

● 빈 칸에 알맞은 글을 쓰세요.

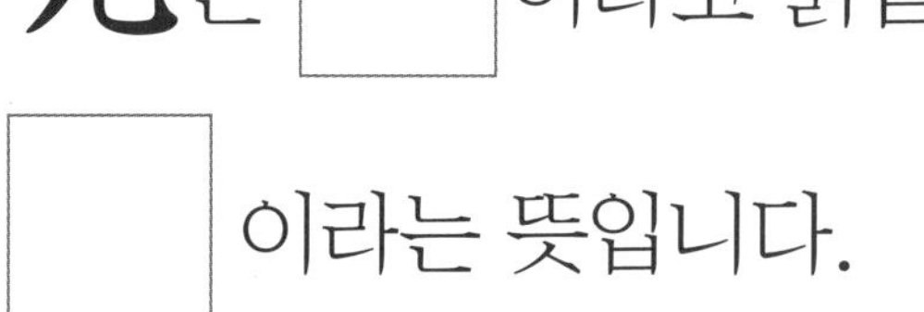

兄은 ☐ 이라고 읽습니다.

☐ 이라는 뜻입니다.

필순에 따라 兄을 바르게 쓰세요.

총 5획

兄 ① ② ③ ④ ⑤	兄	兄	兄	兄
兄	兄	兄	兄	兄

● 뜻과 음을 소리내어 읽으면서 兄을 쓰세요.

형 형	형 형	형 형	형 형	형 형
兄	兄	兄	兄	兄

● 빈 칸에 알맞은 한자와 뜻, 음을 쓰세요.

兄		
한자	뜻	음

	형	형
한자	뜻	음

글을 읽고, 兄이 나오는 낱말을 알아봅시다.

오늘 저녁에 친척들이 모두 우리집에 모였어요.
兄夫(형부)도 오셨고, 작은아버지도 오셨어요.
"兄嫂(형수)님, 생신 축하드립니다."
작은아버지께서 어머니께 축하 인사를 했어요.
오늘이 어머니 생신이거든요.
아버지께서 빙긋이 웃으면서 말씀하셨어요.
"兄弟(형제)라곤 단 둘 뿐이니, 자주 찾아 오너라."

- 兄夫(형부) : 언니의 남편
- 兄嫂(형수) : 형의 부인
- 兄弟(형제) : 형과 동생 사이

빈 칸에 알맞은 한자를 쓰세요.

형	부
兄	夫
	夫

형	수
兄	嫂
	嫂

형	제
兄	弟
	弟

흐린 글자를 따라 쓰면서 兄을 익히세요.

兄은 형이라고 읽고, 형이라는 뜻입니다.

兄은 입으로 좋은 말을 하는 사람이 형이라는 의미로 만들어진 한자입니다.

兄의 획수는 총 5획입니다.

뜻과 음을 크게 읽으면서, 兄을 쓰세요.

兄	兄	兄	兄	兄	兄
兄	兄	兄	兄	兄	兄

兄은 어진 사람인 발(儿)부수의 한자입니다.

입으로 좋은 말을 하는 사람이 형이라는 뜻입니다.

한자의 음을 쓰고, 알맞은 뜻과 연결하세요.

兄夫(　　)・　　・ 형과 동생 사이

兄嫂(　　)・　　・ 언니의 남편

兄弟(　　)・　　・ 형님의 부인

兄이 들어간 낱말을 찾아 ○표 하세요.

家族　兄弟　兄夫　民族

아우 제(弟)에 대해 알아봅시다.

아우 제

제라고 읽습니다.
동생이라는 뜻입니다.

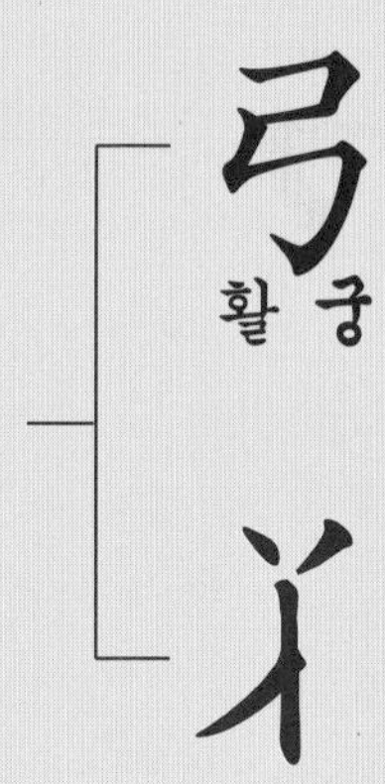

아우가 활을 메고 사냥을 갑니다.

● 빈 칸에 알맞은 글을 쓰세요.

弟는 ☐ 라고 읽습니다.

☐☐ 이라는 뜻입니다.

필순에 따라 弟를 바르게 쓰세요.

총 7획

弟	弟	弟	弟	弟
弟	弟	弟	弟	弟

● 뜻과 음을 소리내어 읽으면서 弟를 쓰세요.

아우 제	아우 제	아우 제	아우 제	아우 제
弟	弟	弟	弟	弟

● 빈 칸에 알맞은 한자와 뜻, 음을 쓰세요.

弟		
한자	뜻	음

	아우	제
한자	뜻	음

글을 읽고, 弟가 나오는 낱말을 알아봅시다.

나의 弟妹(제매)는 같은 학교에 다니고 있습니다.
남동생은 3학년이고, 여동생은 1학년입니다.
남동생의 1학년 때 선생님이
지금은 여동생의 담임 선생님입니다.
그래서 둘 다 한 선생님의 弟子(제자)들입니다.
게다가 그 선생님은 작은어머니이니,
아버지의 弟嫂(제수)가 되십니다.

- 弟妹(제매):남동생과 여동생
- 弟子(제자):스승의 가르침을 받는 사람
- 弟嫂(제수):동생의 부인

빈 칸에 알맞은 한자를 쓰세요.

제	매	제	자	제	수
弟	妹	弟	子	弟	嫂
	妹		子		嫂

흐린 글자를 따라 쓰면서 弟를 익히세요.

弟는 제라고 읽고, 동생이라는 뜻입니다.

弟는 동생이 형을 위해 활을 메고 사냥을 가는 것을 나타낸 한자입니다.

弟의 획수는 총 7획입니다.

뜻과 음을 크게 읽으면서, 弟를 쓰세요.

弟	弟	弟	弟	弟	弟
弟	弟	弟	弟	弟	弟

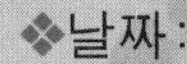

弟는 활 궁(弓)부수의 한자입니다.

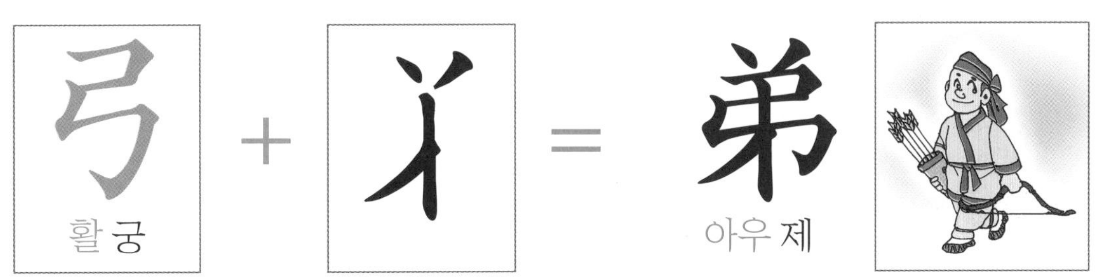

동생이 형을 위해 활을 메고 사냥을 가는 것을 나타낸 한자입니다.

한자의 음을 쓰고, 맞는 것끼리 연결하세요.

弟妹(　　) •		• 스승의 가르침을 받는 사람
弟子(　　) •		• 남동생과 여동생
弟嫂(　　) •		• 동생의 부인.

弟가 들어간 낱말을 찾아 ○표 하세요.

弟子　弟妹　兄夫　兄嫂

뜻과 음을 읽으면서, 이번 주에 배운 한자를 쓰세요.

집 가	집 가	집 가	집 가	집 가
家	家	家	家	家

무리 족	무리 족	무리 족	무리 족	무리 족
族	族	族	族	族

형 형	형 형	형 형	형 형	형 형
兄	兄	兄	兄	兄

아우 제	아우 제	아우 제	아우 제	아우 제
弟	弟	弟	弟	弟

서로 알맞은 것끼리 연결하세요.

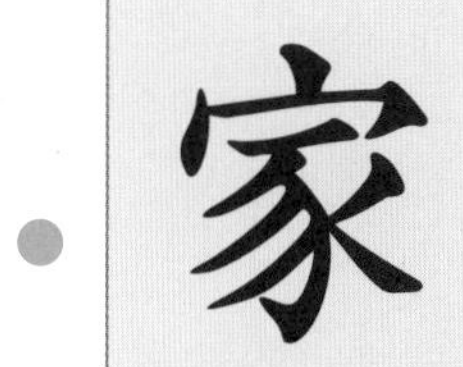
家

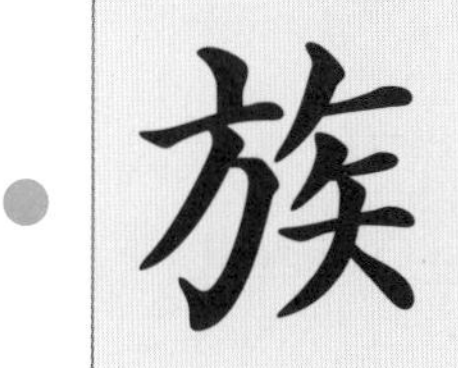
族

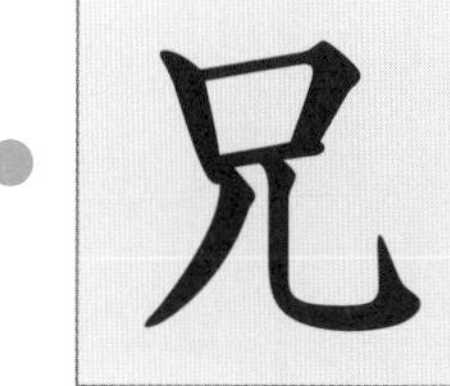
兄

弟

 신문 제호를 읽고 빈칸에 한자의 음을 쓰세요.

불우한 家庭에 태어나서 성공

民族중흥의 기회가 왔다!

兄嫂에게 감사한 선수

눈시울 뜨거운 弟子사랑

家庭 ------------ (　　　　), 民族 ------------ (　　　　)

兄嫂 ------------ (　　　　), 弟子 ------------ (　　　　)

빈 칸에 알맞은 한자를 쓰세요.

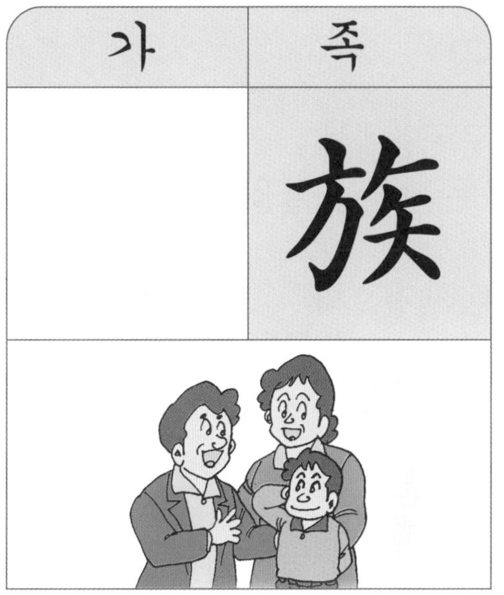

형	제
	弟

C133b

동화를 읽고, 빈 칸에 알맞은 한자를 쓰세요.

해고해 주셔서 고맙습니다

가난한 家族을 위해 어린 나이에 구두방에서
일을 하는 兄弟가 있었다. 兄은 구두 만드는 일을 했고,
동생은 구두 파는 일을 했다.
"아우야, 내가 만든 이 구두는 흠이 생겼으니
손님에게 팔지 말아라."
兄이 동생에게 말하자, 동생이 고개를 끄덕거렸다.
마침 손님이 찾아와서 흠이 있는 구두를 사가려고 했다.
동생은 흠이 있다면서 그 구두를 사지 말라고 했다.
이것을 지켜보던 주인이 화를 내면서 兄弟를 해고시켰다.
兄弟의 아버지는 이 말을 듣고 오히려
구두방 주인에게 감사를 했다.
"우리 아이들 마음에 때가 묻기 전에 내보내
주셔서 정말 고맙습니다."

집 가	무리 족	형 형	아우 제

필순에 따라 왼쪽의 한자를 쓰고, 획수를 써 보세요.

가	家				획
족	族				획
형	兄				획
제	弟				획

서로 알맞은 것끼리 선을 이으세요.

무리	형	아우	집

족 제 형 가

빈 칸에 알맞은 한자를 쓰고, 뜻을 익혀 보세요.

가	가	호	호
		戶	戶

: 한 집 한 집 이란 말로서, 집집마다 라는 뜻.

족	보
	譜

를 캐다 : 어떤 일의 뿌리를 체계적으로 밝힌다.

형

만한 아우 없다 : 아우가 아무리 똑똑하다고 하더라도 경험 많은 형이 낫다.

형	우	제	공
兄	友		恭

: 형은 아우를 사랑하고, 아우는 형을 공경하는 형제 간의 우애를 나타냄.

한번
기탄 한자
C135b

물어 봤지!

두 兄弟가 배를 타고 여행을 하고 있었다.
야! 상쾌하구나.

兄, 이 배 길이가 얼마나 되는지 내기할까?
좋아. 난 300미터쯤.

난 250미터라고 생각해.
와 310미터네. 내가 이겼다.

체! 그럼 선장의 家族은 모두 몇 명일까?
10분만 생각할 여유를 줘.

알았어. 선장 家族은 모두 5명이야.
흥, 그걸 어떻게 알 수 있어?

역시 兄한테는 못당해!
왜 못 알아내? 내가 직접 물어보고 왔지롱.

개인별 · 능력별 학습 프로그램

C 단계 교재 C136a-C150b

이번 주에 배울 한자

姉	妹	祖	孫
손위 누이 자	손아래 누이 매	할아버지 조	손자 손

금주평가	읽기	쓰기	이번 주는?
	Ⓐ 아주 잘함	Ⓐ 아주 잘함	· 학습방법 ① 매일매일 ② 가끔 ③ 한꺼번에 - 하였습니다.
	Ⓑ 잘함	Ⓑ 잘함	· 학습태도 ① 스스로 잘 ② 시켜서 억지로 - 하였습니다.
	Ⓒ 보통	Ⓒ 보통	· 학습흥미 ① 재미있게 ② 싫증내며 - 하였습니다.
	Ⓓ 부족함	Ⓓ 부족함	· 교재내용 ① 적합하다고 ② 어렵다고 ③ 쉽다고 - 하였습니다.

♣ 지도 교사가 부모님께	♣ 부모님이 지도 교사께

종합평가	Ⓐ 아주 잘함	Ⓑ 잘함	Ⓒ 보통	Ⓓ 부족함

원교 반 이름 전화

기초 탄탄한 교육 · 기초 탄탄한 학습
기탄교육
www.gitan.co.kr/ (02)586-1007(대)

지난 주에 배운 한자를 다시 한 번 써 보세요.

집 가	집 가	집 가	집 가	집 가
家	家	家	家	家

무리 족	무리 족	무리 족	무리 족	무리 족
族	族	族	族	族

형 형	형 형	형 형	형 형	형 형
兄	兄	兄	兄	兄

아우 제	아우 제	아우 제	아우 제	아우 제
弟	弟	弟	弟	弟

이번 주에 배울 한자를 큰 소리로 읽어 보세요.

C136b

손위 누이 자(姉)에 대해 알아봅시다.

손위 누이 자

자라고 읽습니다.
큰누이라는 뜻입니다.

女 여자 녀
市 시장 시

어머니 심부름으로 시장에서 물건을 사 오는 사람은 큰누이입니다.

● 빈 칸에 알맞은 글을 쓰세요.

姉는 ☐ 라고 읽습니다.

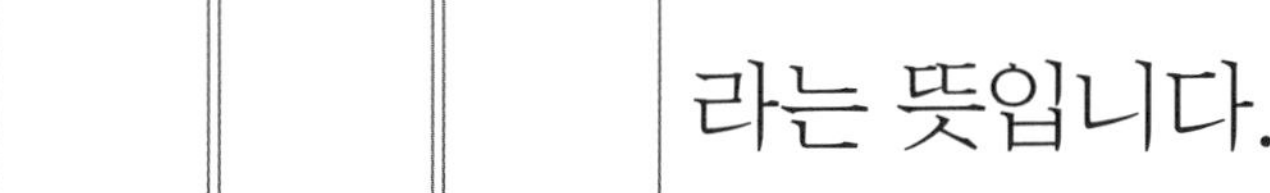

☐☐☐ 라는 뜻입니다.

필순에 따라 姊를 바르게 쓰세요.

총 8획

姊	姊	姊	姊	姊
姊	姊	姊	姊	姊

●뜻과 음을 소리내어 읽으면서 姊를 쓰세요.

손위 누이 자	손위 누이 자	손위 누이 자	손위 누이 자	손위 누이 자
姊	姊	姊	姊	姊

●빈 칸에 알맞은 한자와 뜻, 음을 쓰세요.

姊		
한자	뜻	음

	손위 누이	자
한자	뜻	음

글을 읽고, 姊가 나오는 낱말을 알아봅시다.

학교 姊母(자모) 모임에서 갑자기 웃음이 터져 나왔습니다.
남자인 종식이네 姊兄(자형)이 참석했기 때문입니다.
"웃지들 마세요. 남자가 이 모임에 참석한 이유가 있어요."
두 姊妹(자매)를 우리 학교에 보내고 있는 한 어머니가
말했습니다. 종식이는 부모님이 일찍 돌아가셨기 때문에
姊兄(자형)이 부모님을 대신하고 있습니다.
사정을 알고 난 姊母님들이 그제야 웃음을 멈추었습니다.

- 姊母(자모):손위 누이와 어머니
- 姊兄(자형):누나의 남편
- 姊妹(자매):여자 형제

빈 칸에 알맞은 한자를 쓰세요.

자	모	자	형	자	매
姊	母	姊	兄	姊	妹
	母		兄		妹

흐린 글자를 따라 쓰면서 姉를 익히세요.

姉는 자라고 읽고, 큰누이라는 뜻입니다.

姉는 어머니를 도와 시장을 보러 가는 큰누이를 나타낸 한자입니다.

姉의 획수는 총 8획입니다.

뜻과 음을 크게 읽으면서, 姉를 쓰세요.

姉	姉	姉	姉	姉	姉
姉	姉	姉	姉	姉	姉

姉는 여자 녀(女)부수의 한자입니다.

어머니를 도와 시장을 보러 가는 큰누이를 나타낸 한자입니다.

한자의 음을 쓰고, 맞는 것끼리 연결하세요.

姉母(　　)	•	• 여자 형제
姉兄(　　)	•	• 손위 누이와 어머니
姉妹(　　)	•	• 누나의 남편

姉가 나오는 낱말을 찾아 ○표 하세요.

姉妹　姉兄　弟子　兄弟

손아래 누이 매(妹)에 대해 알아봅시다.

손아래
누이 매

매라고 읽습니다.
손아래 누이라는
뜻입니다.

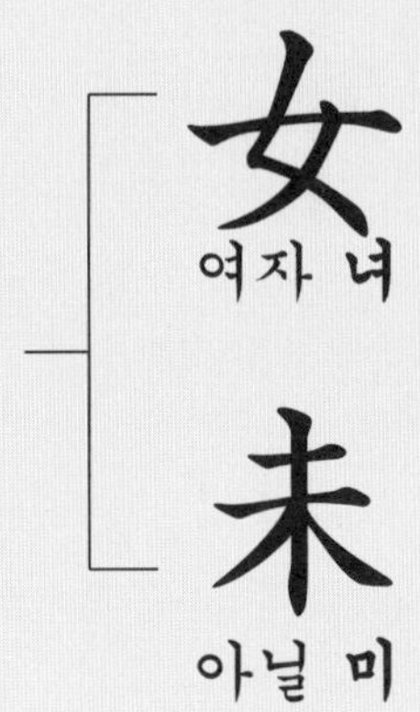

손아래 누이는 철이 든 여자가 아닙니다.

● 빈 칸에 알맞은 글을 쓰세요.

妹는 ☐ 라고 읽습니다.

 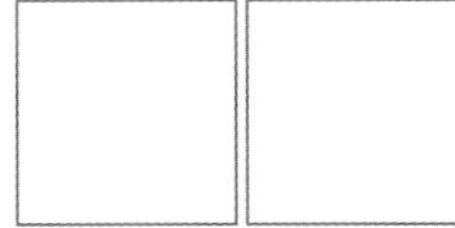 라는 뜻입니다.

필순에 따라 妹를 바르게 쓰세요.

총 8획

妹	妹	妹	妹	妹
妹	妹	妹	妹	妹

●뜻과 음을 소리내어 읽으면서 妹를 쓰세요.

손아래 누이 매	손아래 누이 매	손아래 누이 매	손아래 누이 매	손아래 누이 매
妹	妹	妹	妹	妹

●빈 칸에 알맞은 한자와 뜻, 음을 쓰세요.

妹		
한자	뜻	음

	손아래 누이	매
한자	뜻	음

글을 읽고, 妹가 나오는 낱말을 알아봅시다.

외삼촌들과 어머니는 男妹(남매) 사이입니다.
큰외삼촌께서는 아버지를 妹弟(매제)라고 부르십니다.
"매제, 우리 바둑이나 한 판 둘까?"
"좋지요."
그러나 작은외삼촌께서는 아버지를 妹夫(매부)라고 부르십니다.
"매부, 오늘 저녁에 술 한 잔 어떠세요?"
"좋지!"

- 男妹(남매):남자와 여자 형제
- 妹弟(매제):동생의 남편
- 妹夫(매부):누나의 남편

빈 칸에 알맞은 한자를 쓰세요.

남	매	매	제	매	부
男	妹	妹	弟	妹	夫
男			弟		夫

흐린 글자를 따라 쓰면서 妹를 익히세요.

妹는 매라고 읽고, 손아래 누이라는 뜻입니다.

妹는 손아래 누이는 아직 어려서 여자로서의 역할을 하지 못한다는 의미로 만들어진 한자입니다.

妹의 획수는 총 8 획입니다.

뜻과 음을 크게 읽으면서 妹를 쓰세요.

妹	妹	妹	妹	妹	妹
妹	妹	妹	妹	妹	妹

妹는 여자 녀(女)부수의 한자입니다.

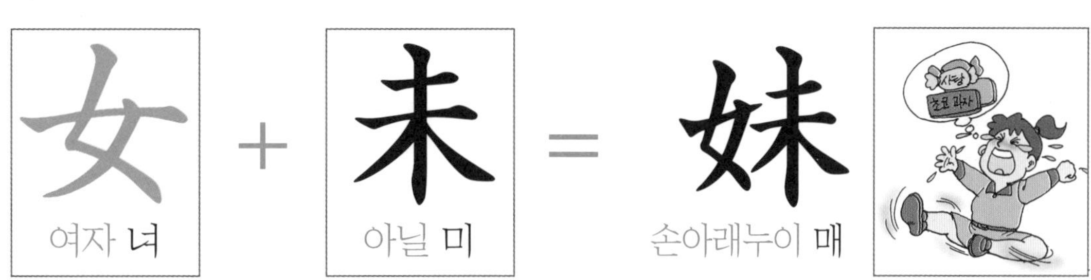

손아래누이는 아직 어려서 여자로서의 역할을 하지 못한다는 뜻의 한자입니다.

한자의 음을 쓰고, 맞는 것끼리 연결하세요.

男妹(　　　)•	• 누나의 남편
妹弟(　　　)•	• 남자와 여자 형제
妹夫(　　　)•	• 동생의 남편

妹가 나오는 낱말을 찾아 ◯표 하세요.

姉兄　妹夫　男妹　姉母

할아버지 조(祖)에 대해 알아봅시다.

조라고 읽습니다.
할아버지라는 뜻입니다.

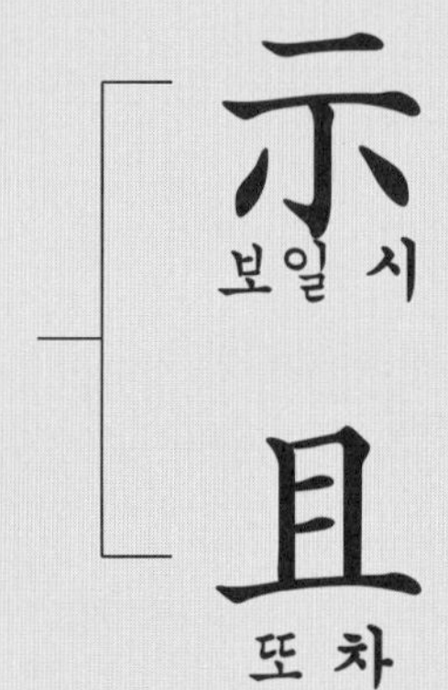

눈이 좋지 않은 할아버지를 위해 무엇이든지 보여드리고 또 보여드립니다.

● 빈 칸에 알맞은 글을 쓰세요.

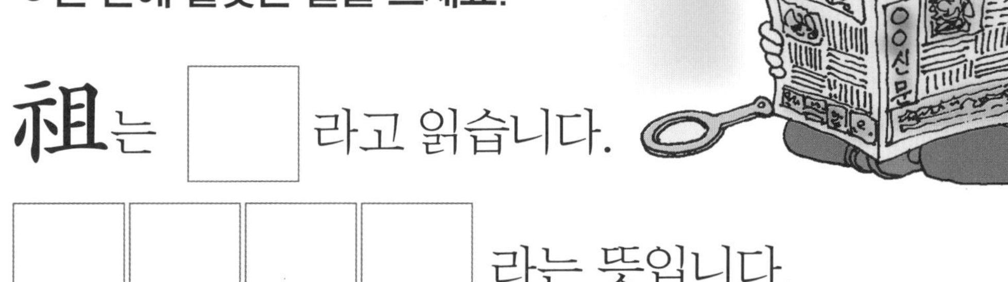

祖는 [ ] 라고 읽습니다.

[ ][ ][ ][ ] 라는 뜻입니다.

필순에 따라 祖를 바르게 쓰세요.

총 10획

祖	祖	祖	祖	祖
祖	祖	祖	祖	祖

● 뜻과 음을 소리내어 읽으면서 祖를 쓰세요.

할아버지 조	할아버지 조	할아버지 조	할아버지 조	할아버지 조
祖	祖	祖	祖	祖

● 빈 칸에 알맞은 한자와 뜻, 음을 쓰세요.

祖		
한자	뜻	음

	할아버지	조
한자	뜻	음

글을 읽고, 祖가 나오는 낱말을 알아봅시다.

누구든지 외국에 나가면 祖國(조국)을 그리워 합니다.
祖上(조상)이 세상을 떠나면 그리워하듯이 말입니다.
조상을 그리워하는 마음을 표현한 것이 제사입니다.
어제는 祖父(조부)님의 제사가 있었습니다.
많은 후손들이 모여서 조부님이 살아계셨을 때를 회상하고
눈물을 지었습니다.

- 祖國(조국) : 조상 때부터 살아온 나라
- 祖父(조부) : 할아버지
- 祖上(조상) : 같은 혈통으로서 할아버지 이상의 어른들

빈 칸에 알맞은 한자를 쓰세요.

조	국	조	상	조	부
祖	國	祖	上	祖	父
	國		上		父

흐린 글자를 따라 쓰면서 祖를 익히세요.

祖는 조라고 읽고, 할아버지라는 뜻입니다.

祖는 시력이 나쁜 할아버지를 위해 자꾸 보여 드린다는 의미로 만들어진 한자입니다.

祖의 획수는 총 10 획입니다.

뜻과 음을 크게 읽으면서, 祖를 쓰세요.

祖	祖	祖	祖	祖	祖
祖	祖	祖	祖	祖	祖

祖는 보일 시(示) 부수의 한자입니다.

시력이 나쁜 할아버지를 위해 자꾸 보여 드린다는 뜻의 한자입니다.

한자의 음을 쓰고, 맞는 것끼리 연결하세요.

祖國 (　　)	•	• 할아버지
祖上 (　　)	•	• 조상 때부터 살아온 나라
祖父 (　　)	•	• 같은 혈통으로서 할아버지 이상의 어른들

祖가 나오는 낱말을 찾아 ○표 하세요.

祖上　妹夫　姉妹　祖國

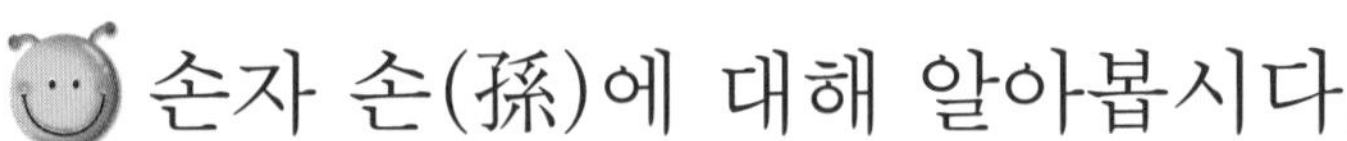

손자 손(孫)에 대해 알아봅시다.

孫

손자 손

손이라고 읽습니다.
손자라는 뜻입니다.

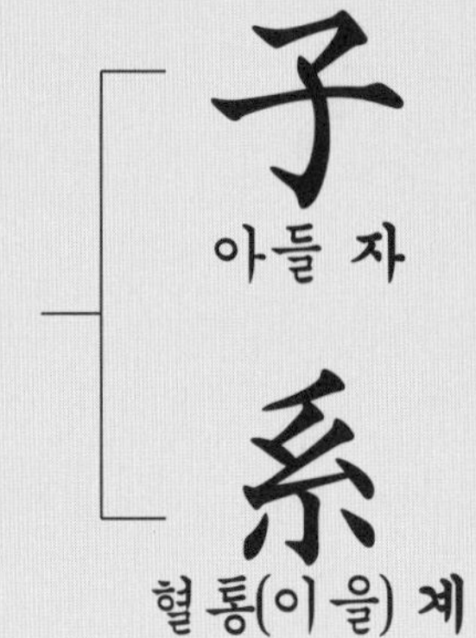

아들의 혈통을 손자가 이어받습니다.

● 빈 칸에 알맞은 글을 쓰세요.

孫은 ☐ 이라고 읽습니다.

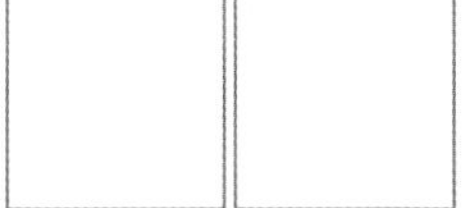

☐☐ 라는 뜻입니다.

C144b

필순에 따라 孫을 바르게 쓰세요.

총 10획

孫	孫	孫	孫	孫
孫	孫	孫	孫	孫

●뜻과 음을 소리내어 읽으면서 孫을 쓰세요.

손자 손	손자 손	손자 손	손자 손	손자 손
孫	孫	孫	孫	孫

●빈 칸에 알맞은 한자와 뜻, 음을 쓰세요.

孫				손자	손
한자	뜻	음	한자	뜻	음

글을 읽고, 孫이 나오는 낱말을 알아봅시다.

진수는 할아버지를 모시고 공원에 나갔습니다.
어떤 할머니가 할아버지에게 말을 걸어왔습니다.
"孫子(손자)인가요? 참 다정하게 보이네요."
할아버지께서 자랑스럽게 대답하셨습니다.
"그럼요. 여느 王孫(왕손)보다 귀한 제 孫子입니다.
전 子孫(자손)들이 번창하는 재미로 살지요."

- 孫子(손자):아들의 아들
- 王孫(왕손):임금의 후손
- 子孫(자손):아들, 손주 등 후손

빈 칸에 알맞은 한자를 쓰세요.

손	자	왕	손	자	손
孫	子	王	孫	子	孫
	子	王		子	

C145b

흐린 글자를 따라 쓰면서 孫을 익히세요.

孫은 손이라고 읽고, 손자라는 뜻입니다.

孫은 손자는 아들의 대를 잇는다는

의미로 만들어진 한자입니다.

孫의 획수는 총 10 획입니다.

뜻과 음을 크게 읽으면서, 孫을 쓰세요.

孫	孫	孫	孫	孫	孫
孫	孫	孫	孫	孫	孫

孫은 아들 자(子) 부수의 한자입니다.

아들 자

\+ 系 이을 계 = 孫 손자 손

손자는 아들의 대를 잇는다는 뜻의 한자입니다.

한자의 음을 쓰고, 맞는 것끼리 연결하세요.

孫子(　　)•	• 임금의 후손
王孫(　　)•	• 아들, 손주 등 후손
子孫(　　)•	• 아들의 아들

孫이 나오는 낱말을 찾아 ○표 하세요.

孫子　祖上　子孫　祖父

뜻과 음을 읽으면서, 이번 주에 배운 한자를 쓰세요.

손위 누이 자	손위 누이 자	손위 누이 자	손위 누이 자	손위 누이 자
姉	姉	姉	姉	姉

손아래 누이 매	손아래 누이 매	손아래 누이 매	손아래 누이 매	손아래 누이 매
妹	妹	妹	妹	妹

할아버지 조	할아버지 조	할아버지 조	할아버지 조	할아버지 조
祖	祖	祖	祖	祖

손자 손	손자 손	손자 손	손자 손	손자 손
孫	孫	孫	孫	孫

서로 관계 있는 그림과 한자를 선으로 이으세요.

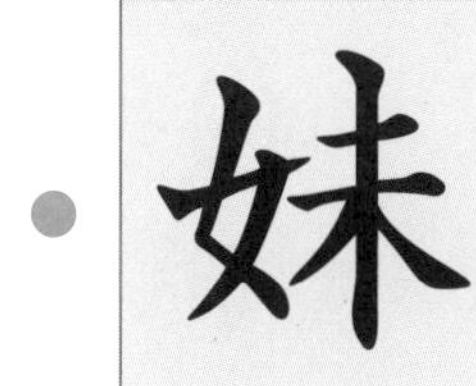

신문 제호를 읽고 빈칸에 한자의 음을 쓰세요.

런던과 姉妹결연을 맺다

세상을 감동시킨 고아 男妹

30년만에 찾은 祖國

길거리에 나가앉은 王孫

姉妹 ------------ (   ), 男妹 ------------ (   )

祖國 ------------ (   ), 王孫 ------------ (   )

빈 칸에 알맞은 한자를 쓰세요.

자	매
	妹

남	매
男	

조	상
	上

손	자
	子

동화를 읽고, 빈 칸에 알맞은 한자를 쓰세요.

그까짓 엽전 하나 삼켰기로서니

정수동이 어느 욕심 많은 대감 집에 갔다.
이 대감은 뇌물을 좋아하는 사람이었다.
대감과 정수동이 이야기를 나누고 있는데
노비 姉妹가 호들갑을 떨면서 대감을 찾았다.
"대감! 큰일 났습니다. 도련님께서 엽전을 삼키고 말았습니다요."
"이크! 하나뿐인 孫子인데, 그 아이에게 무슨 일이라도
생기면 祖上 볼 면목이 없지. 이보게 무슨 좋은 방법이 없겠는가?"
대감이 답답한 나머지 정수동에게 말했다.
정수동은 빙긋이 웃으면서 대답했다.
"대감, 걱정마시지요. 어떤 못된 대감은 남의 돈
몇 만 냥을 꿀꺽하고도 아무렇지도 않잖습니까?"
못된 대감이란 바로 자기를 두고 한 말이란 것을 알았지만,
대감은 아무 대꾸도 할 수 없었다.

손위누이 자	손아래누이 매	할아버지 조	손자 손

필순에 따라 왼쪽의 한자를 쓰고, 획수를 써보세요.

자	姊				획
매	妹				획
조	祖				획
손	孫				획

서로 알맞은 것끼리 선을 이으세요.

손아래 누이	손자	손위 누이	할아버지

매 조 손 자

빈 칸에 알맞은 한자를 쓰고, 뜻을 익혀 보세요.

자	매	결	연
	妹	結	緣

: 학교 등의 단체가 다른 단체와 밀접한 관계를 맺는 것.

자	매	지	간
姊		之	間

: 여자 형제 사이.

잘 되면 제 탓, 못되면

조	상
	上

탓 : 제 잘못은 알지 못하고, 남의 탓으로만 돌리는 버릇.

자	자	손	손
子	子		

: 대대로 이어지는 가문.

한석봉
기탄 한자
C150b

말 한 마리에 만원?

배에 닭과 말을 싣고 시장에 가던 농부의 孫子가 있었다.
말은 100만원에, 닭은 만원에 팔 거당.

앗 갑자기 폭풍이… 사람 살려!
차아아ooo

祖上님! 폭풍을 멈추게 해 주시면 말을 판 돈 모두를 산소 단장에 쓸 게요.

날씨가 좋아졌네? 근데 말 판 돈 다쓰기는 아까워.

그 말 얼마요?
닭과 함께 팔 건데요.

닭은 100만원, 말은 만원에 팔 거요.
이러면 산소 단장에는 만원만 쓰면 되지? 히히.

개인별 · 능력별 학습 프로그램

C 단계 교재 C151a-C165b

이번 주에 배울 한자

天	地	民	官
하늘 천	땅 지	백성 민	벼슬 관

금주평가	읽기	쓰기	이번 주는?
	Ⓐ 아주 잘함	Ⓐ 아주 잘함	· 학습방법 ① 매일매일 ② 가끔 ③ 한꺼번에 - 하였습니다.
	Ⓑ 잘함	Ⓑ 잘함	· 학습태도 ① 스스로 잘 ② 시켜서 억지로 - 하였습니다.
	Ⓒ 보통	Ⓒ 보통	· 학습흥미 ① 재미있게 ② 싫증내며 - 하였습니다.
	Ⓓ 부족함	Ⓓ 부족함	· 교재내용 ① 적합하다고 ② 어렵다고 ③ 쉽다고 - 하였습니다.

♣ 지도 교사가 부모님께	♣ 부모님이 지도 교사께

종합평가	Ⓐ 아주 잘함	Ⓑ 잘함	Ⓒ 보통	Ⓓ 부족함

원 교 반 이름 전화

기초 탄탄한 교육 · 기초 탄탄한 학습
기탄교육
www.gitan.co.kr/ (02)586-1007(대)

지난 주에 배운 한자를 다시 한 번 써 보세요.

손위누이 자	손위누이 자	손위누이 자	손위누이 자	손위누이 자
姊	姊	姊	姊	姊

손아래누이 매	손아래누이 매	손아래누이 매	손아래누이 매	손아래누이 매
妹	妹	妹	妹	妹

할아버지 조	할아버지 조	할아버지 조	할아버지 조	할아버지 조
祖	祖	祖	祖	祖

손자 손	손자 손	손자 손	손자 손	손자 손
孫	孫	孫	孫	孫

이번 주에 배울 한자를 큰 소리로 읽어 보세요.

C151b

하늘 천(天)에 대해 알아봅시다.

천이라고 읽습니다.
하늘이라는 뜻입니다.

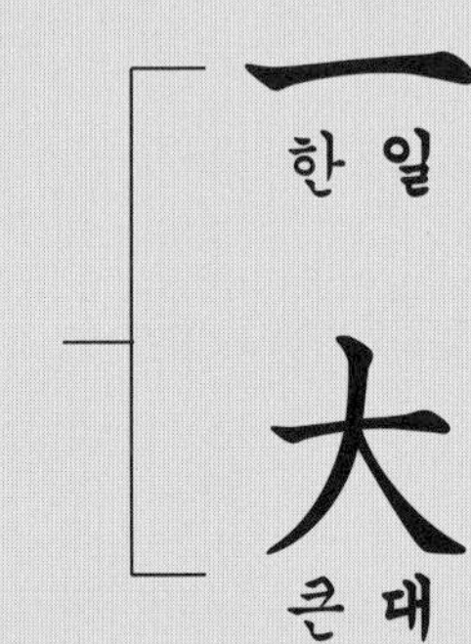

땅에서 아무리 큰 것이라 해도 하늘 아래에 있습니다.

● 빈 칸에 알맞은 글을 쓰세요.

天은 [ ] 이라고 읽습니다.

[ ][ ] 이라는 뜻입니다.

 필순에 따라 天을 바르게 쓰세요.

총 4회

天 天 天 天

●뜻과 음을 소리내어 읽으면서 天을 쓰세요.

하늘 천	하늘 천	하늘 천	하늘 천	하늘 천
天	天	天	天	天

하늘 천	하늘 천	하늘 천	하늘 천	하늘 천
天	天	天	天	天

●빈 칸에 알맞은 한자와 뜻, 음을 쓰세요.

天		
한자	뜻	음

	하늘	천
한자	뜻	음

글을 읽고, 天이 나오는 낱말을 알아봅시다.

옛날, 어떤 중국의 시인이 평양 대동강 부벽루를
天下(천하)에서 가장 아름다운 곳이라고 했답니다.
금강산은 경치가 너무 아름다워서
天上(천상)의 선녀들도 한 번쯤 가 보기를 원했답니다.
이처럼 우리 금수강산은 예로부터 天地(천지)를 통틀어서
아름답기로 유명하였답니다.

- 天下(천하):하늘 아래. 즉 땅 위
- 天上(천상):상상의 하늘 나라
- 天地(천지):하늘과 땅. 즉 온세상

빈 칸에 알맞은 한자를 쓰세요.

천	하	천	상	천	지
天	下	天	上	天	地
	下		上		地

흐린 글자를 따라 쓰면서 天을 익히세요.

天은 천이라고 읽고, 하늘이라는 뜻입니다.

天은 아무리 큰 것이라도 하늘 아래에 있음을 나타낸 한자입니다.

天의 획수는 총 4 획입니다.

뜻과 음을 크게 읽으면서, 天을 쓰세요.

天	天	天	天	天	天
天	天	天	天	天	天

天은 큰 대(大)부수의 한자입니다.

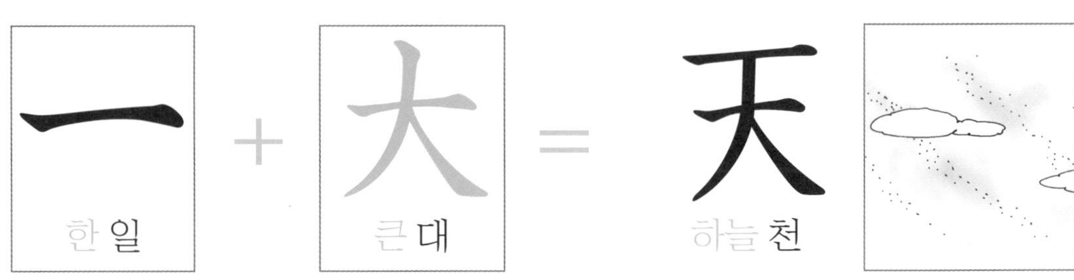

아무리 큰 것이라도 하늘 아래에 있음을 나타낸 한자입니다.

한자의 음을 쓰고, 알맞은 뜻과 연결하세요.

天下(　　)	하늘과 땅. 즉 온세상
天上(　　)	하늘 아래. 즉 땅 위
天地(　　)	상상의 하늘 나라

天이 나오는 낱말을 찾아 ◯표 하세요.

王孫　天地　子孫　天上

땅 지(地)에 대해 알아봅시다.

땅 지

지라고 읽습니다.
땅이라는 뜻입니다.

밤이 넓은 땅의 흙 속에서 기어 나옵니다.

●빈 칸에 알맞은 글을 쓰세요.

地는 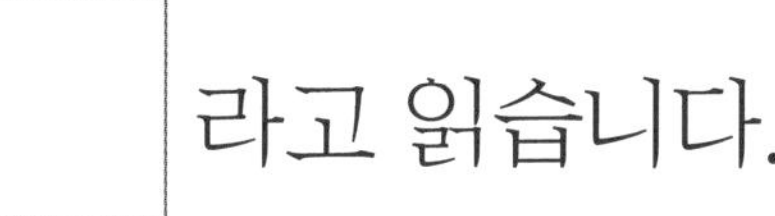 라고 읽습니다.

☐ 이라는 뜻입니다.

필순에 따라 地를 바르게 쓰세요.

총 6획

地 ①②③④⑤⑥	地	地	地	地
地	地	地	地	地

●뜻과 음을 소리내어 읽으면서 地를 쓰세요.

땅 지	땅 지	땅 지	땅 지	땅 지
地	地	地	地	地

●빈 칸에 알맞은 한자와 뜻, 음을 쓰세요.

地				땅	지
한자	뜻	음	한자	뜻	음

글을 읽고, 地가 나오는 낱말을 알아봅시다.

우리가 살고 있는 地球(지구)는 몇 차례의 地殼(지각) 변동 끝에 지금의 모습이 되었습니다.
바다와 절벽, 산과 강, 濕地(습지) 따위가 지각 변동으로 이루어진 것입니다.
그러나 우리 지구의 자연은 점차 병들어 가고 있습니다.
자연을 그대로 두지 않고 개발하려는 사람들 때문입니다.

● 地球(지구) : 인류가 살고 있는 우주의 한 별
● 濕地(습지) : 습기가 있는 땅
● 地殼(지각) : 지구의 껍질을 이루고 있는 단단한 부분

빈 칸에 알맞은 한자를 쓰세요.

지	구	지	각	습	지
地	球	地	殼	濕	地
	球		殼	濕	

C155b

흐린 글자를 따라 쓰면서 地를 익히세요.

地는 지라고 읽고, 땅이라는 뜻입니다.

地는 넓은 땅의 흙 속에서 뱀이 기어 나오는 모습을 나타낸 한자입니다.

地의 획수는 총 6획입니다.

뜻과 음을 크게 읽으면서 地를 쓰세요.

地	地	地	地	地	地
地	地	地	地	地	地

地는 흙 토(土)부수의 한자입니다.

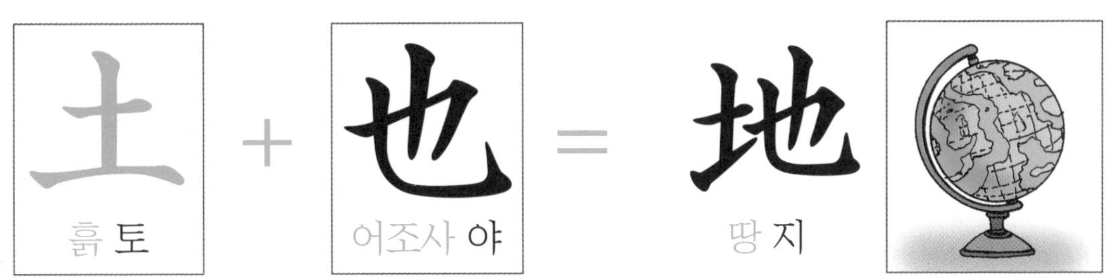

넓은 땅의 흙 속에서 뱀이 기어나오는 모습의 한자입니다.

한자의 음을 쓰고, 맞는 것끼리 연결하세요.

地球(　　) •	• 습기가 있는 땅
地殼(　　) •	• 인류가 살고 있는 우주의 한 별
濕地(　　) •	• 지구의 껍질을 이루고 있는 단단한 부분

地가 나오는 한자를 찾아 ○표 하세요.

天下　濕地　地球　天上

백성 민(民)에 대해 알아봅시다.

백성 민

민이라고 읽습니다.
백성(일반 국민)
이라는 뜻입니다.

여러 성씨들이 모여 한 나라의 백성이 됩니다.

● 빈 칸에 알맞은 글을 쓰세요.

民은 ☐ 이라고 읽습니다.

☐☐ 이라는 뜻입니다.

C157a ❖이름: ❖날짜: ❖시간 시 분~ 시 분

필순에 따라 民을 바르게 쓰세요.

총 5획

民	民	民	民	民
民	民	民	民	民

●뜻과 음을 소리내어 읽으면서 民을 쓰세요.

백성 민	백성 민	백성 민	백성 민	백성 민
民	民	民	民	民

●빈 칸에 알맞은 한자와 뜻, 음을 쓰세요.

民				백성	민
한자	뜻	음	한자	뜻	음

C157b

글을 읽고, 民이 나오는 낱말을 알아봅시다.

우리 民族(민족) 대대로 내려 오는
民謠(민요) 하나를 소개할게요.

불쌍하다 우리 農民(농민) 오뉴월 무더위에 일만 하나?
초로 같은 우리 인생 한번 가면 못올텐데
사시장철 일만 하나? 어어휘 이후후.

- 民族(민족):오랫동안 같은 곳에서 같은 말과 문화를 사용하는 사람들
- 民謠(민요):오래 전부터 내려오는 일반 국민들의 노래
- 農民(농민):농사를 지으며 사는 국민

빈 칸에 알맞은 한자를 쓰세요.

민	족	민	요	농	민
民	族	民	謠	農	民
	族		謠	農	

흐린 글자를 따라 쓰면서 民을 익히세요.

民은 민이라고 읽고, 백성이라는 뜻입니다.

民은 백성이란 백 가지 성씨란 말로 여러 성씨가 모여 백성을 이룬다는 의미로 만들어진 한자입니다.

民의 획수는 총 5획입니다.

뜻과 음을 크게 읽으면서, 民을 쓰세요.

民	民	民	民	民	民
民	民	民	民	民	民

民은 성 씨(氏) 부수의 한자입니다.

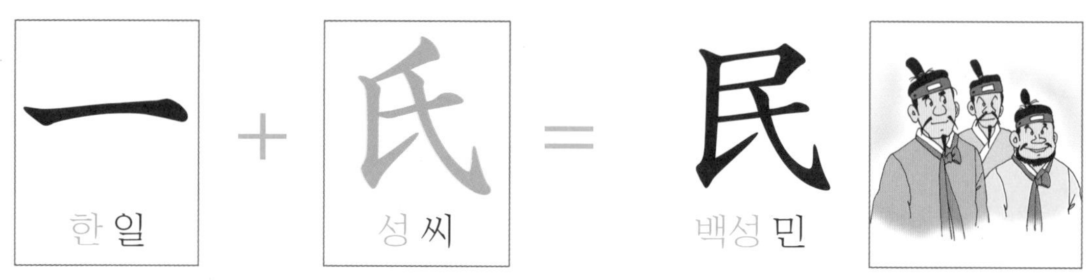

백성이란 백 가지 성씨란 말로, 여러 성씨가 모여 백성을 이룬다는 뜻.

民이 들어 있는 한자를 알아봅시다.

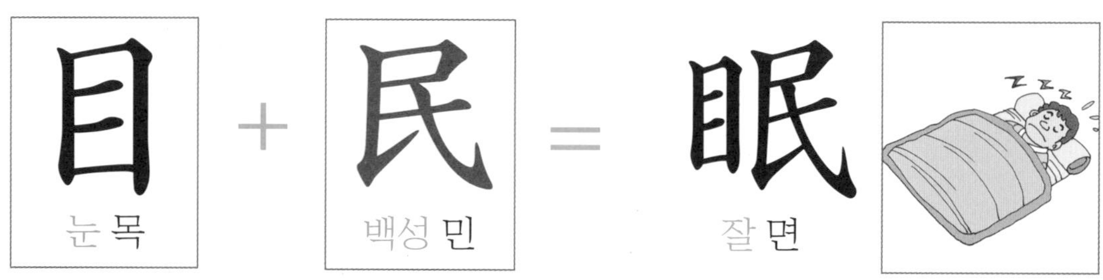

백성들이 눈을 감고 편안하게 잠을 잔다는 뜻의 한자입니다.

참고 眠은 目부수의 한자입니다.

民이 나오는 한자를 찾아 ○표 하세요.

民謠 濕地 地球 民族

벼슬 관(官)에 대해 알아봅시다.

벼슬 관

관이라고 읽습니다.
벼슬이라는 뜻입니다.

宀 갓머리

𠂤

여러 가지 서류가 들어 있는 집이 관청입니다.

● 빈 칸에 알맞은 글을 쓰세요.

官은 ☐ 이라고 읽습니다.

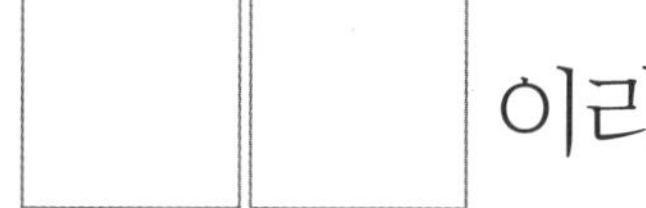
이라는 뜻입니다.

C159b

필순에 따라 官을 바르게 쓰세요.

총 8획

官 ①②③④⑤⑥⑦⑧	官	官	官	官
官	官	官	官	官

● 뜻과 음을 소리내어 읽으면서 官을 쓰세요.

벼슬 관	벼슬 관	벼슬 관	벼슬 관	벼슬 관
官	官	官	官	官

● 빈 칸에 알맞은 한자와 뜻, 음을 쓰세요.

官		
한자	뜻	음

	벼슬	관
한자	뜻	음

글을 읽고, 官이 나오는 낱말을 알아봅시다.

'民官(민관) 일체'
동회나 구청 같은 官廳(관청)에서 흔히 볼 수 있는 표어입니다.
일반 국민과 공무원이 한 마음으로 일해야 한다는 뜻이지요.
民이 官 앞에 나온 이유는 국민이 공무원보다 더 높기 때문입니다.
한 나라의 주인은 바로 국민들입니다.
官吏(관리)들은 국민들의 심부름꾼일 뿐입니다.

- 官廳(관청) : 나라의 사무를 맡아보는 곳
- 官吏(관리) : 관직에 있는 공무원
- 民官(민관) : 일반 국민들과 관리

빈 칸에 알맞은 한자를 쓰세요.

민	관	관	청	관	리
民	官	官	廳	官	吏
民			廳		吏

흐린 글자를 따라 쓰면서 官을 익히세요.

官은 관이라고 읽고, 벼슬이라는 뜻입니다.

官은 관청에는 많은 서류가 있다는

것을 나타낸 한자입니다.

官의 획수는 총 8획입니다.

뜻과 음을 크게 읽으면서, 官을 쓰세요.

官	官	官	官	官	官
官	官	官	官	官	官

官은 갓머리(宀)부수의 한자입니다.

관청에는 많은 서류가 있다는 것을 나타낸 한자입니다.

官이 들어 있는 한자를 알아봅시다.

관리들이 밥을 먹고 잠을 자면서 지내던 곳이 옛날의 여관입니다.

참고 館은 食부수의 한자입니다.

官이 나오는 한자를 찾아 ○표 하세요.

民官 官廳 民族 民謠

뜻과 음을 읽으면서, 이번 주에 배운 한자를 쓰세요.

하늘 천	하늘 천	하늘 천	하늘 천	하늘 천
天	天	天	天	天

땅 지	땅 지	땅 지	땅 지	땅 지
地	地	地	地	地

백성 민	백성 민	백성 민	백성 민	백성 민
民	民	民	民	民

벼슬 관	벼슬 관	벼슬 관	벼슬 관	벼슬 관
官	官	官	官	官

서로 맞는 것끼리 선을 이어 보세요.

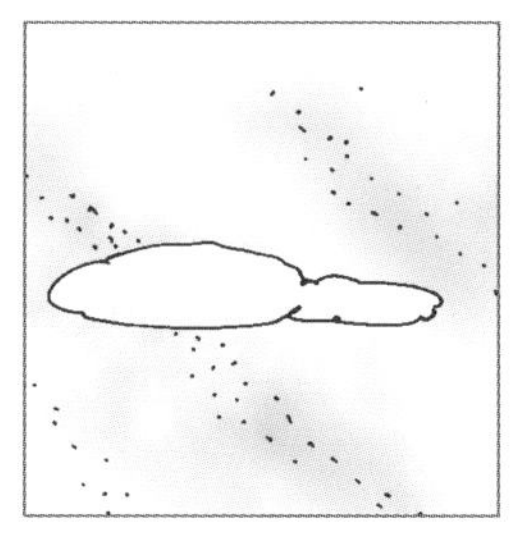

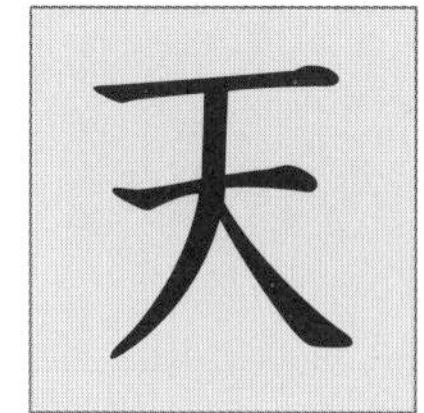

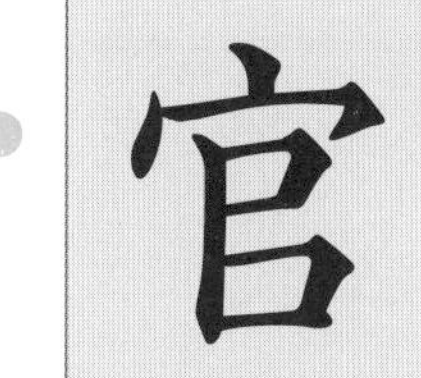

신문 제호를 읽고 빈칸에 한자의 음을 쓰세요.

자꾸 뜨거워지는 地球

이태현, 설날 天下장사!

가뭄에 農民들 울쌍

民官 합동으로 수재 극복

地球 ----------(　　　　), 天下 ----------(　　　　)

農民 ----------(　　　　), 民官 ----------(　　　　)

빈 칸에 알맞은 한자를 쓰세요.

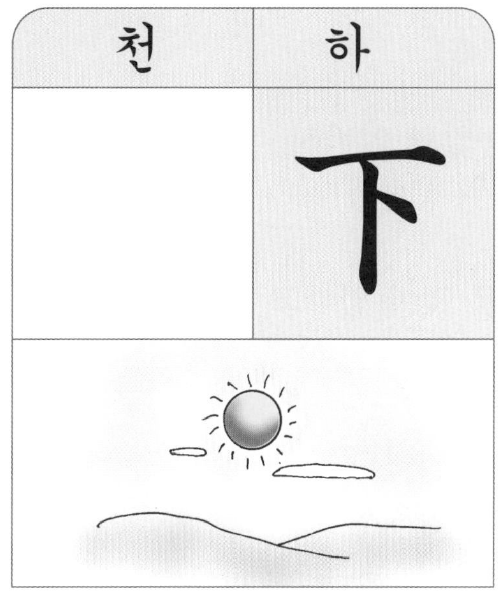

천	하
	下

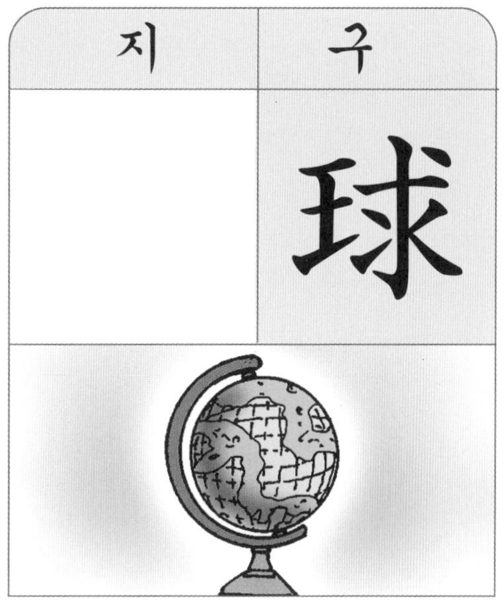

지	구
	球

농	민
農	

관	리
	吏

동화를 읽고, 빈 칸에 알맞은 한자를 쓰세요.

아들이 아니라 손님이십니다

황치신은 청빈한 官吏로 이름이 높았던 아버지
황희 정승과는 달리 젊었을 때 매우 방탕했다.
그래서 황희가 여러 번 타일렀다.
"이 天下에 몹쓸 놈! 人民들은 먹을 것이 없다고
아우성인데 넌 술집에나 다녀? 地下에 계신
조상님들 보기 민망하구나! "
그러나 그때 뿐, 황치신은 달라지지 않았다.
황희는 다른 방법을 택했다. 황희는 황치신이
집으로 들어올 시간에 의관을 갖추고 대문 앞에 섰다.
그리고 아들이 들어오자마자 정중하게 절을 했다.
황치신은 깜짝 놀랐다.
"아버지! 왜 아러십니까?"
"제가 당신을 타일러도 듣지 않으니, 아마 당신은 날
아비로 생각하지 않는 것 같습니다. 그러니 제가
당신에게 함부로 말을 할 수 있겠습니까?"
그 후부터 황치신은 방탕한 생활을 끝냈다고 한다.

하늘 천	땅 지	벼슬 관	백성 민
	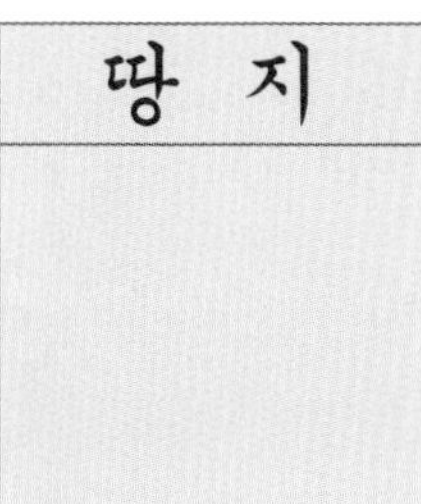	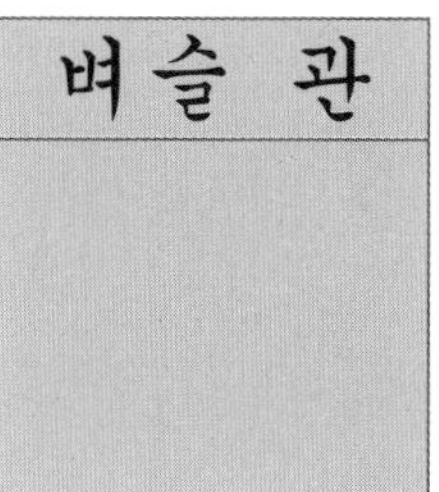	

필순에 따라 왼쪽의 한자를 쓰고, 획수를 써보세요.

천	天				획
지	地				획
민	民				획
관	官				획

서로 알맞은 것끼리 선을 이으세요.

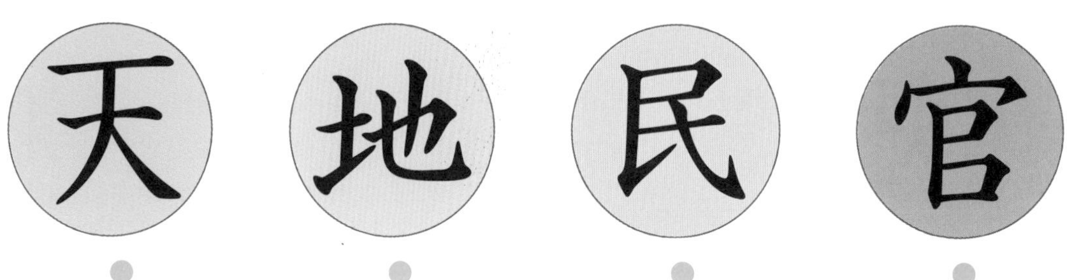

하늘	백성	땅	벼슬

관	지	민	천

빈 칸에 알맞은 한자를 쓰고, 뜻을 익혀 보세요.

천	우	신	조
	佑	神	助

: 하늘과 신이 도와준 것처럼 운이 좋다.

역	지	사	지
易		思	之

: 처지를 바꾸어 생각함.

민	궁	재	갈
	窮	財	渴

: 국민의 생활은 궁핍해지고, 나라의 재물은 바닥이 난 어려운 상황.

관	존	민	비
	尊	民	卑

: 관리들은 귀하고, 일반 백성들은 천하다는 생각.

한석봉
기탄 한자
C165b

유태인 때문에

1차대전이 끝난 후, 독일의 어느 초등학교
1차대전에서 우리 독일이 진 이유는?
독일군 전투병 중에 유태인이 많았는데,

전쟁을 하다가 비겁하게 도망을 갔습니다.
또 다른 이유는?

보급병 중에 天地에서 가장 못된 유태인이 있었는데,
군대 물건을 훔쳐서 팔아먹었기 때문입니다.

그것뿐인가?
또 있기는 하지만… 말해도 될까요?

어서 말해 봐.
군대 지휘부에 유태인이 있었기 때문입니다.

유태인이 언제 독일군을 지휘했단 말이야?
그게 아니라, 적군 지휘부에 유태인이…

개인별 · 능력별 학습 프로그램

C 단계 교재 C166a-C180b

이번 주에 배울 한자

星	湖	原	因
별 성	호수 호	근본 원	기인할 인

금주평가	읽 기	쓰 기	이번 주는?
	Ⓐ 아주 잘함	Ⓐ 아주 잘함	· 학습방법 ① 매일매일 ② 가끔 ③ 한꺼번에 - 하였습니다.
	Ⓑ 잘함	Ⓑ 잘함	· 학습태도 ① 스스로 잘 ② 시켜서 억지로 - 하였습니다.
	Ⓒ 보통	Ⓒ 보통	· 학습흥미 ① 재미있게 ② 싫증내며 - 하였습니다.
	Ⓓ 부족함	Ⓓ 부족함	· 교재내용 ① 적합하다고 ② 어렵다고 ③ 쉽다고 - 하였습니다.

♣ 지도 교사가 부모님께	♣ 부모님이 지도 교사께

종합평가	Ⓐ 아주 잘함	Ⓑ 잘함	Ⓒ 보통	Ⓓ 부족함

원 교 반 이름 전화

기초 탄탄한 교육 · 기초 탄탄한 학습
기탄교육
www.gitan.co.kr/ (02)586-1007(대)

지난 주에 배운 한자를 다시 한 번 써 보세요.

하늘 천	하늘 천	하늘 천	하늘 천	하늘 천
天	天	天	天	天

땅 지	땅 지	땅 지	땅 지	땅 지
地	地	地	地	地

백성 민	백성 민	백성 민	백성 민	백성 민
民	民	民	民	民

벼슬 관	벼슬 관	벼슬 관	벼슬 관	벼슬 관
官	官	官	官	官

이번 주에 배울 한자를 큰 소리로 읽어 보세요.

星
별 성

原
근본 원

湖
호수 호

因
인할 인

별 성(星)에 대해 알아봅시다.

성이라고 읽습니다.
별이라는 뜻입니다.

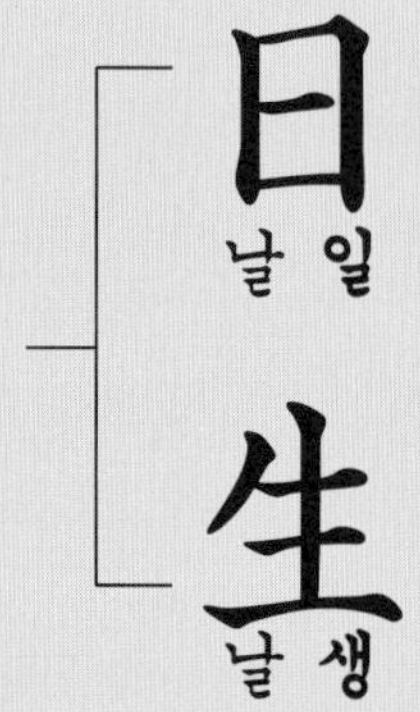

해가 지고 나면 별이 솟습니다.

● 빈 칸에 알맞은 글을 쓰세요.

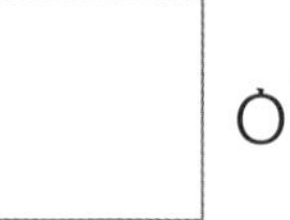
星은 ☐ 이라고 읽습니다.

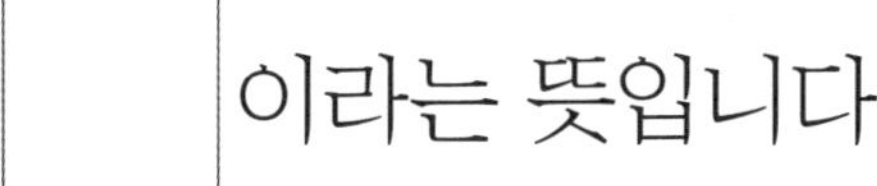
☐ 이라는 뜻입니다.

필순에 따라 星을 바르게 쓰세요.

총 9획

星	星	星	星	星
星	星	星	星	星

● 뜻과 음을 소리내어 읽으면서 星을 쓰세요.

별 성	별 성	별 성	별 성	별 성
星	星	星	星	星

● 빈 칸에 알맞은 한자와 뜻, 음을 쓰세요.

星				별	성
한자	뜻	음	한자	뜻	음

C167b

글을 읽고, 星이 나오는 낱말을 알아봅시다.

선주의 할아버지는 四星(사성) 장군입니다.
군대에 들어온 지 30여 星霜(성상)을 보낸 결과입니다.
선주는 할아버지가 젊었을 때의 사진을 보았습니다.
검은 머리에 주름살 하나 없는 깨끗한 얼굴이었습니다.
그러나 지금 할아버지는 백발이 星星(성성)하신데다가
얼굴에는 깊은 주름이 패여 있습니다.

- 四星(사성) : 별 네 개의 계급
- 星星(성성)하다 : 머리카락이 희끗희끗하다
- 星霜(성상) : 별이 일 년에 한 바퀴씩 돈다는 말로 일 년을 뜻함

빈 칸에 알맞은 한자를 쓰세요.

사	성
四	星
四	

성	상
星	霜
	霜

성	성
星	星

흐린 글자를 따라 쓰면서 星을 익히세요.

星은 성이라고 읽고, 별이라는 뜻입니다.

星은 해가 지고 밤이 되면 별이 나온다는

의미로 만들어진 한자입니다.

星의 획수는 총 9 획입니다.

뜻과 음을 크게 읽으면서, 星을 쓰세요.

星	星	星	星	星	星
星	星	星	星	星	星

C168b

星은 날 일(日) 부수의 한자입니다.

해가 지고 밤이 되면 별이 나온다는 뜻의 한자입니다.

星이 들어간 한자를 알아봅시다

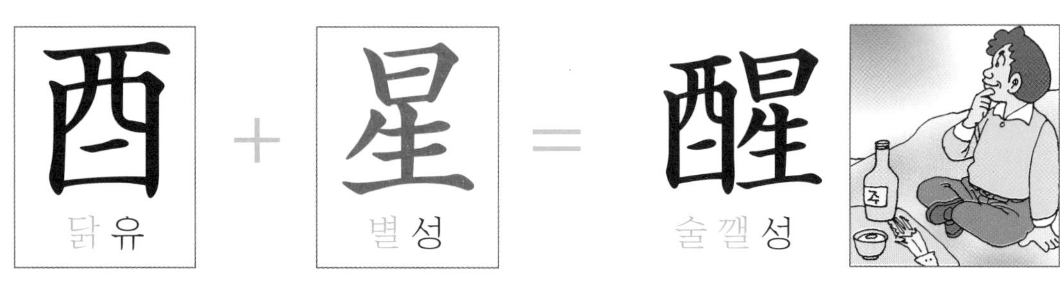

酉는 술병 모양을 나타낸 한자로, 술취한 사람이 별이 반짝거리는 것처럼 술이 깬다는 뜻의 한자입니다.

참고 醒은 酉부수의 한자입니다.

星이 나오는 한자에 ○표 하세요.

四星　星霜　官吏　官廳

호수 호(湖)에 대해 알아봅시다.

호수 호

호라고 읽습니다.
호수라는 뜻입니다.

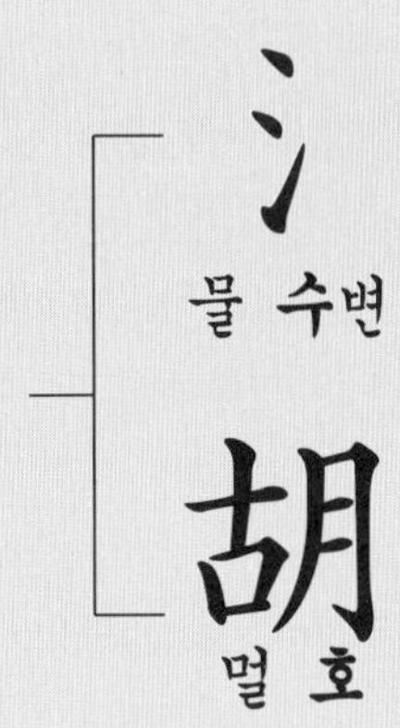

호수가 너무 넓어서 먼 곳에서 바라보아야 다 보입니다.

● 빈 칸에 알맞은 글을 쓰세요.

湖는 ☐ 라고 읽습니다.

☐☐ 라는 뜻입니다.

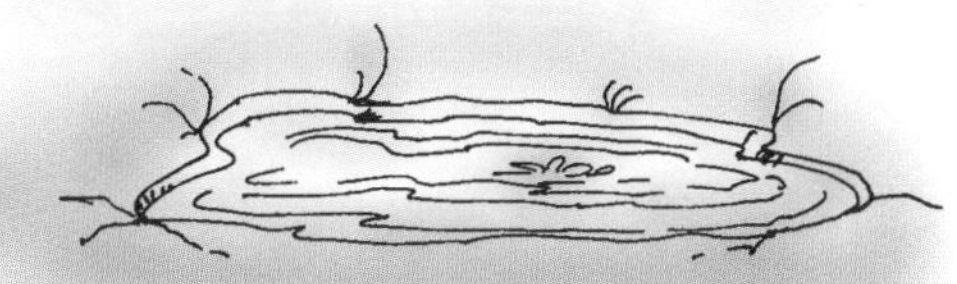

필순에 따라 湖를 바르게 쓰세요.

총 12획

湖	湖	湖	湖	湖
湖	湖	湖	湖	湖

●뜻과 음을 소리내어 읽으면서 湖를 쓰세요.

호수 호	호수 호	호수 호	호수 호	호수 호
湖	湖	湖	湖	湖

●빈 칸에 알맞은 한자와 뜻, 음을 쓰세요.

湖		
한자	뜻	음

	호수	호
한자	뜻	음

글을 읽고, 湖가 나오는 낱말을 알아봅시다.

경포 湖水(호수)에는
달이 세 개.
밤하늘에 하나
湖心(호심)에도 하나
그리고 湖畔(호반)의
아빠 술잔에도 달이 하나.

- 湖水(호수) : 넓고 깊게 물이 괴여 있는 곳
- 湖心(호심) : 호수 한 가운데
- 湖畔(호반) : 호숫가

빈 칸에 알맞은 한자를 쓰세요.

호	수
湖	水
	水

호	심
湖	心
	心

호	반
湖	畔
	畔

흐린 글자를 따라 쓰면서 湖를 익히세요.

湖는 호라고 읽고, 호수라는 뜻입니다.

湖는 물이 가득한 넓은 호수를 나타낸 한자입니다.

湖의 획수는 총 12획입니다.

뜻과 음을 크게 읽으면서 湖를 쓰세요.

湖	湖	湖	湖	湖	湖
湖	湖	湖	湖	湖	湖

湖는 물 수변(氵)부수의 한자입니다.

물이 가득찬 넓은 호수를 나타낸 한자입니다.

한자의 음을 쓰고, 맞는 것끼리 연결하세요.

湖水( )		호숫가
湖心( )		물이 넓고 깊게 괴여 있는 곳
湖畔( )		호수 한 가운데

湖가 들어 있는 낱말을 찾아 ○표 하세요.

四聲 湖水 星霜 湖心

C171b

근본 원(原)에 대해 알아봅시다.

원이라고 읽습니다.
근본이라는 뜻입니다.

바위 밑에서 샘이 솟으니 냇물의 근본이 됩니다.

● 빈 칸에 알맞은 글을 쓰세요.

□ 이라고 읽습니다.

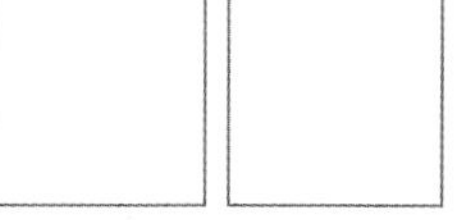

이라는 뜻입니다.

 필순에 따라 原을 바르게 쓰세요.

총 10획

原 ①②③④⑤⑥⑦⑧⑨⑩	原	原	原	原
原	原	原	原	原

● 뜻과 음을 소리내어 읽으면서 原을 쓰세요.

근본 원	근본 원	근본 원	근본 원	근본 원
原	原	原	原	原

● 빈 칸에 알맞은 한자와 뜻, 음을 쓰세요.

原				근본	원
한자	뜻	음	한자	뜻	음

글을 읽고, 原이 나오는 낱말을 알아봅시다.

수력 발전의 原理(원리)는 흐르는 물의 힘에 의해
물방아가 돌아가는 것입니다.
물이 전기의 原料(원료)인 셈이지요.
현대인은 전기를 발명함으써 많은 문화 혜택을 받고 있습니다.
그런데 原人(원인)들이 살았던 구석기 시대에도
전기가 있었다고요?
당연히 있었습니다. 하늘의 번개가 바로 전기이지요.

- 原理(원리) : 사물의 기본이 되는 이치나 법칙
- 原人(원인) : 원시인
- 原料(원료) : 어떤 물건을 만드는 데 쓰이는 재료

빈 칸에 알맞은 한자를 쓰세요.

원	리	원	료	원	인
原	理	原	料	原	人
	理		料		人

흐린 글자를 따라 쓰면서 原을 익히세요.

原은 원이라고 읽고, 근본이라는 뜻입니다.

原은 바위 밑에서 솟는 샘은 강을 이루는 근본이 된다는 의미로 만들어진 한자입니다.

原의 획수는 총 10획입니다.

뜻과 음을 크게 읽으면서, 原을 쓰세요.

原	原	原	原	原	原
原	原	原	原	原	原

C173b

原은 민엄호(厂)부수의 한자입니다.

바위 밑에서 솟는 샘은 강을 이루는 근본이 된다는 뜻의 한자입니다.

原이 들어간 한자를 알아봅시다.

언덕 밑의 샘이 물의 근원이 됩니다.

참고 源은 氵부수의 한자입니다.

原이 나오는 한자를 찾아 ○표 하세요.

原理 原料 湖水 湖畔

❖이름: ❖날짜: ❖시간 시 분~ 시 분

기인할 인(因)에 대해 알아봅시다.

기인할 인

인이라고 읽습니다.
기인한다
(원인이 된다)는 뜻입니다.

어떤 사람이 일도 하지 않고 요 위에만 누워 있는 것은 무언가를 믿는 데서 기인합니다.

● 빈 칸에 알맞은 글을 쓰세요.

因은 ☐ 이라고 읽습니다.

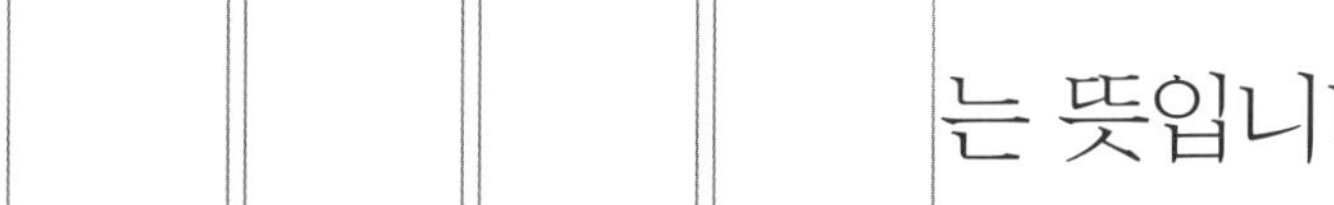
는 뜻입니다.

필순에 따라 因을 바르게 쓰세요.

종 6획

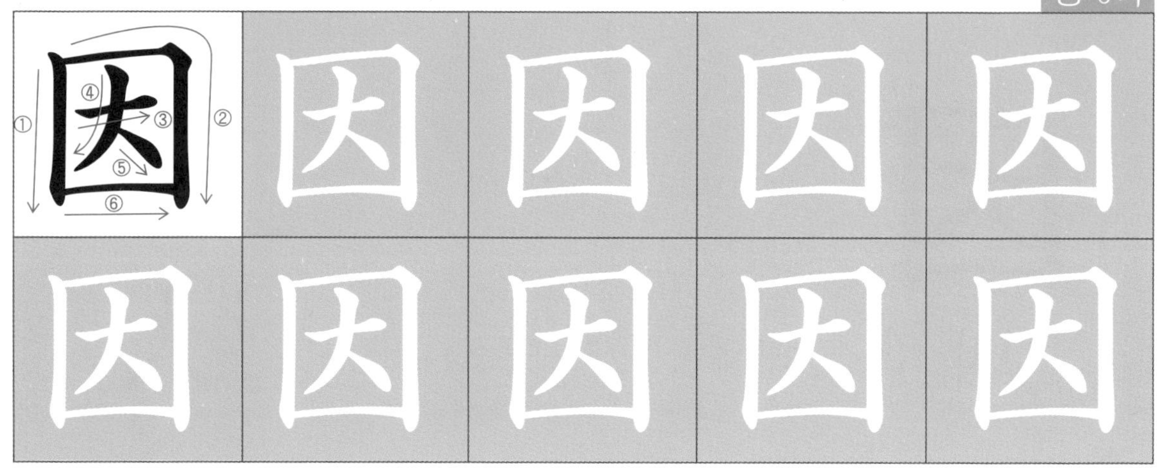

●뜻과 음을 소리내어 읽으면서 因을 쓰세요.

●빈 칸에 알맞은 한자와 뜻, 음을 쓰세요.

因		
한자	뜻	음

	기인할	인
한자	뜻	음

글을 읽고, 因이 나오는 낱말을 알아봅시다.

'因果(인과) 법칙'이란 말이 있습니다.
原因(원인)에 따라 결과가 나온다는 말이지요.
공부를 열심히 하면, 성적이 좋습니다.
나쁜 짓을 하면 벌을 받게 됩니다.
착한 일을 하면, 언젠가는 복을 받습니다.
모든 결과는 자신이 한 일에 起因(기인)하는 것이기 때문입니다.

- 因果(인과):원인과 결과
- 起因(기인):무슨 일의 원인이 됨
- 原因(원인):어떤 일이 일어나기 전에 먼저 일어나 그 일을 일으키는 현상

빈 칸에 알맞은 한자를 쓰세요.

인	과	원	인	기	인
因	果	原	因	起	因
	果	原		起	

C175b

흐린 글자를 따라 쓰면서 因을 익히세요.

因은 인이라고 읽고, 기인한다라는 뜻입니다.

因은 무엇인가를 믿고 편안하게 누워 있는 사람의 모습을 본뜬 한자입니다.

因의 획수는 총 6 획입니다.

뜻과 음을 크게 읽으면서, 因을 쓰세요.

因	因	因	因	因	因
因	因	因	因	因	因

因은 에울 위(口) 부수의 한자입니다.

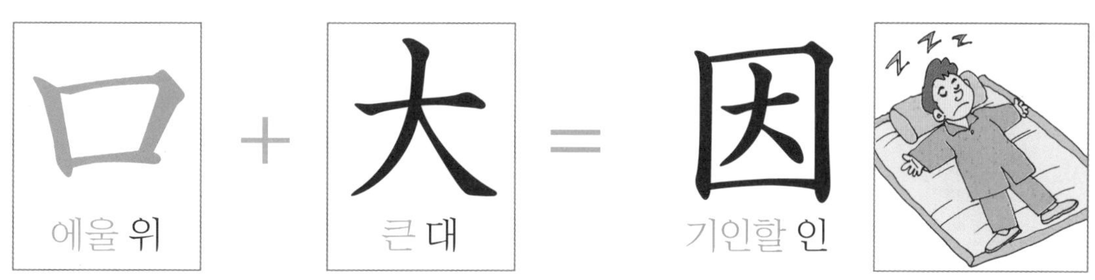

무엇인가를 믿고 편안하게 누워 있는 사람의 모습을 본뜬 한자입니다.

한자의 음을 쓰고, 맞는 것끼리 연결하세요.

因果(　　) •	• 무슨 일의 원인이 됨
原因(　　) •	• 어떤 일이 일어나기 전에 먼저 일어나 그 일을 일으키는 현상
起因(　　) •	• 원인과 결과

因이 나오는 낱말을 찾아 ○표 하세요.

因果　原料　原因　原罪

뜻과 음을 읽으면서, 이번 주에 배운 한자를 쓰세요.

별 성	별 성	별 성	별 성	별 성
星	星	星	星	星

호수 호	호수 호	호수 호	호수 호	호수 호
湖	湖	湖	湖	湖

근본 원	근본 원	근본 원	근본 원	근본 원
原	原	原	原	原

기인할 인	기인할 인	기인할 인	기인할 인	기인할 인
因	因	因	因	因

서로 맞는 것끼리 선을 이어 보세요.

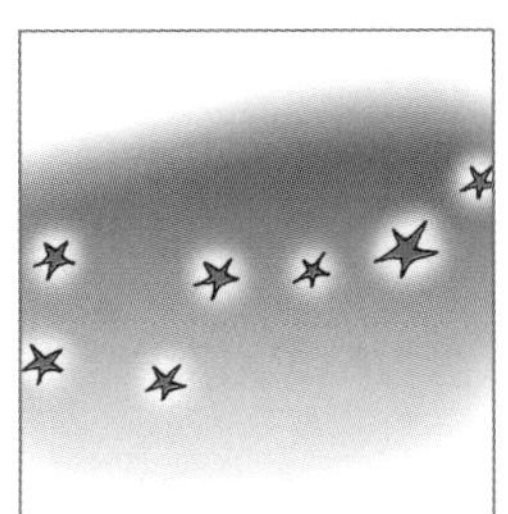

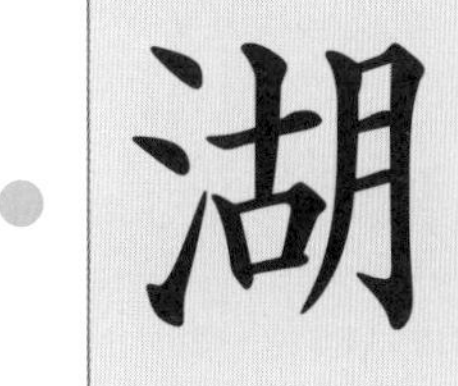

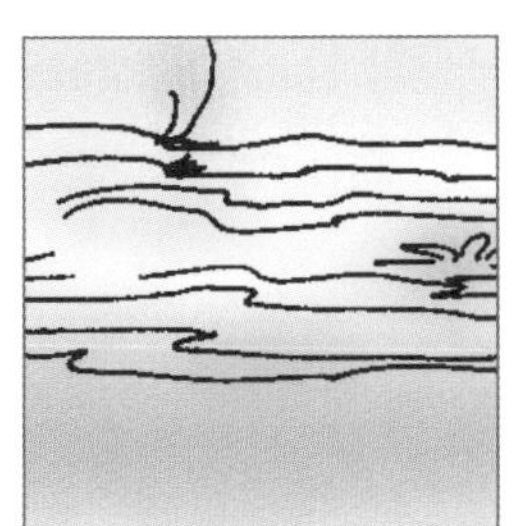

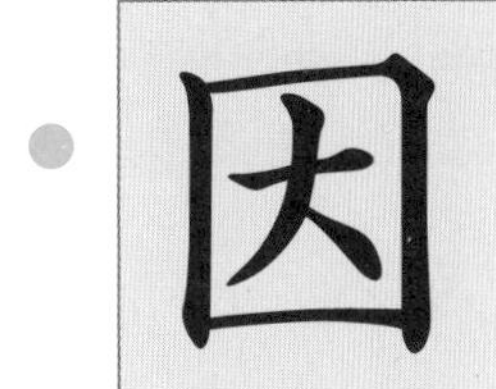

신문 제호를 읽고 빈칸에 한자의 음을 쓰세요.

火星에도 생명체가?

湖畔에서 열린 빙상 축제

비료 공장마다 原料 부족

축구 참패의 原因은?

火星 ------------ (　　　　), 湖畔 ------------ (　　　　)

原料 ------------ (　　　　), 原因 ------------ (　　　　)

빈 칸에 알맞은 한자를 쓰세요.

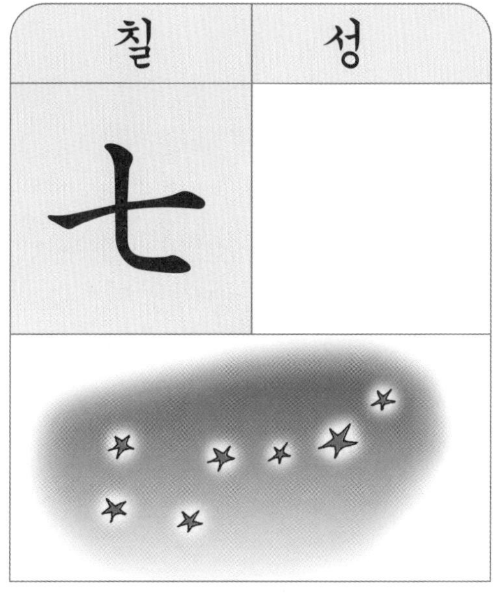

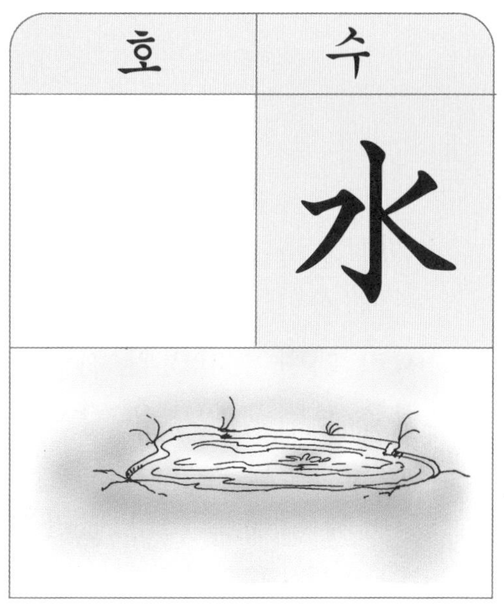

원	료
	料

동화를 읽고, 빈 칸에 알맞은 한자를 쓰세요.

부하를 아끼는 장군

민찬기란 四星 장군이 있었다. 지금은 세상을 떠나 국립 묘지에 계시는 분이다. 이 이야기는 민찬기 장군의 부하 사랑 이야기이다. 천연 湖水가 많은 강원도 어느 도시에 김일병이 휴가를 마치고 부대로 돌아가던 중이었다. 갑자기 대변이 마려워 김일병은 시내 공중 화장실에 들어갔다. 볼일을 보던 김일병은 갑자기 담배가 피우고 싶었지만 담배가 없었다. 그래서 문을 살짝 열고 문 앞에 있는 노인에게 담배를 하나 달라고 했다.

"할아버지, 죄송하지만 담배 하나만 주세요. 나가서 한 갑 사 드릴게요."

"화장실에서 담배를 피우면 변비의 原因이 된다네."

그러면서도 담배 한 개피를 주었다.

김일병이 부대로 돌아왔을 때 그는 사단장을 보고 깜짝 놀랐다. 노인이 바로 사단장이었기 때문이다. 이제 죽었구나 하고 생각했는데, 사단장은 빙그레 웃으면서 말했다.

"김일병, 노인의 담배 얻어 핀 맛이 어떤가?"

별 성	호수 호	근본 원	기인할 인

필순에 따라 왼쪽의 한자를 쓰고, 획수를 써 보세요.

성	星				획
호	湖				획
원	原				획
인	因				획

서로 알맞은 것끼리 선을 이으세요.

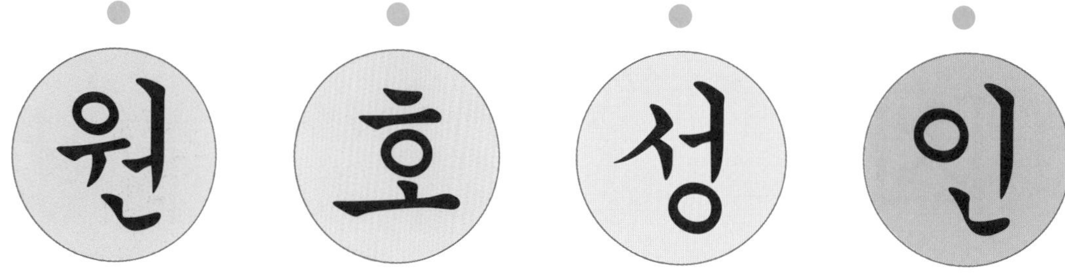

 이 달에 배운 한자를 다시 한 번 써 보세요.

한자			
家 집 가			
族 겨레 족			
兄 형 형			
弟 아우 제			
姉 손위누이 자			
妹 손아래누이 매			
祖 할아버지 조			
孫 손자 손			

한자			
天 하늘 천			
地 땅 지			
民 백성 민			
官 벼슬 관			
星 별 성			
湖 호수 호			
原 근본 원			
因 기인할 인			

링컨보다 더 못생긴 사람

아! 내가 봐도 난 참 못생겼구나.

내가 세상에서 가장 못생겼다는 것으로 만족하자.

만약 나보다 못생긴 사람이 있다면… 마구 때려 줄 거야.

안녕하세요? 변호사 앤디입니다.
아니, 나보다 못생겼잖아. 용서할 수 없어.

당신은 나한테 맞아야 할 原因을 제공했소!
무 무슨?

나보다 못생긴 사람은 때려주기로 결심했단 말이오.
실컷 때리시오. 당신보다 못 생겼다면 난 살 필요도 없소.

부록

한자 복습 C-3

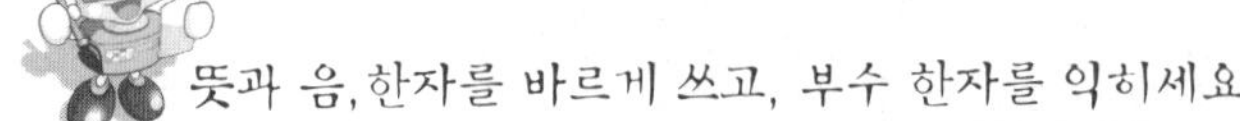

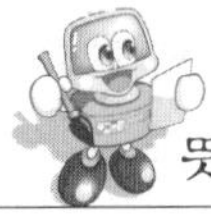

한자	부수 / 뜻과 음				
家	宀부수 한자				
	집 가				
族	方부수 한자				
	무리 족				
兄	儿부수 한자				
	형 형				
弟	弓부수 한자				
	아우 제				
姉	女부수 한자				
	손위 누이 자				
妹	女부수 한자				
	손아래 누이 매				
祖	示부수 한자				
	할아버지 조				
孫	子부수 한자				
	손자 손				

한자 복습 C-3

뜻과 음, 한자를 바르게 쓰고, 부수 한자를 익히세요.

天	大부수 한자				
	하늘 천				
地	土부수 한자				
	땅 지				
眠	目부수 한자				
	잘 면				
館	食부수 한자				
	여관 관				
醒	酉부수 한자				
	술깰 성				
湖	氵부수 한자				
	호수 호				
源	氵부수 한자				
	근원 원				
因	口부수 한자				
	기인할 인				

부록

한자 복습 C-3

뜻과 음, 한자를 바르게 쓰고, 부수 한자를 익히세요.

한자	뜻/음	따라 쓰기			
家	뜻 음	家			
族	뜻 음	族			
兄	뜻 음	兄			
弟	뜻 음	弟			
姊	뜻 음	姊			
妹	뜻 음	妹			
祖	뜻 음	祖			
孫	뜻 음	孫			

부록

한자 복습 C-3

뜻과 음, 한자를 바르게 쓰고, 부수 한자를 익히세요.

한자	뜻/음	따라 쓰기			
天	뜻 음	天			
地	뜻 음	地			
民	뜻 음	民			
官	뜻 음	官			
星	뜻 음	星			
湖	뜻 음	湖			
原	뜻 음	原			
因	뜻 음	因			

부록

한자 복습 C-3

뜻과 음, 한자를 바르게 쓰고, 부수 한자를 익히세요.

한자	뜻/음				
松	뜻				
	음				
林	뜻				
	음				
間	뜻				
	음				
分	뜻				
	음				
河	뜻				
	음				
海	뜻				
	음				
江	뜻				
	음				
洋	뜻				
	음				

부록

한자 복습 C-3

뜻과 음, 한자를 바르게 쓰고, 부수 한자를 익히세요.

한자	뜻/음				
本	뜻				
	음				
末	뜻				
	음				
未	뜻				
	음				
安	뜻				
	음				
交	뜻				
	음				
親	뜻				
	음				
反	뜻				
	음				
對	뜻				
	음				

한자 복습 C-3

뜻과 음, 한자를 바르게 쓰고, 부수 한자를 익히세요.

한자	뜻/음				
巨	뜻				
	음				
臣	뜻				
	음				
主	뜻				
	음				
客	뜻				
	음				
永	뜻				
	음				
新	뜻				
	음				
保	뜻				
	음				
存	뜻				
	음				

부록

한자 복습 C-3

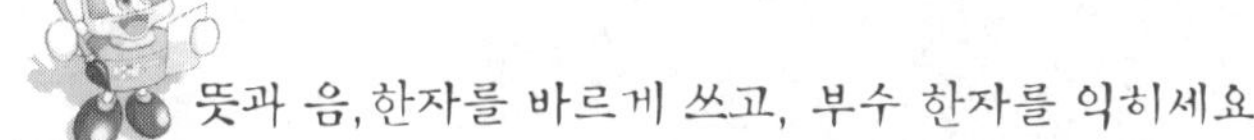

한자	뜻/음				
友	뜻				
	음				
情	뜻				
	음				
知	뜻				
	음				
思	뜻				
	음				
意	뜻				
	음				
志	뜻				
	음				
成	뜻				
	음				
功	뜻				
	음				